DICTIONNAIRE ILLUSTRÉ D'ARCHÉOLOGIE

Illustrations : archives d'*Actualité de l'Histoire* SARL

© 1999, *Actualité de l'Histoire* SARL

Thomas Decker

DICTIONNAIRE ILLUSTRÉ D'ARCHÉOLOGIE

Sculpture, architecture... Art roman, art gothique... Tout pour comprendre le message des pierres

Éditions de Lodi

Avant-propos

La France possède de nombreuses richesses archéologiques, de multiples monuments historiques. Qui,
devant leur beauté et leur mystère, qui, dans une
vieille église romane ou sur le parvis d'une cathédrale gothique, n'a désiré comprendre les motivations
de l'architecte, n'a tenté de déchiffrer ces messages
de pierre laissés par nos ancêtres bâtisseurs ?

Avec ce **Dictionnaire illustré d'archéologie**, c'est
possible. D'*Abaque* (tablette posée au dessus des colonnes de bois chez les Romains) à *voûte*, près de 800
entrées vous expliquent l'architecture et la décoration, les techniques et la symbolique et vous racon-
tent, illustrations à l'appui, notre histoire monumentale, depuis les cavernes jusqu'aux châteaux., depuis
les menhirs jusqu'aux statues Renaissance.

Avec ce **Dictionnaire illustré d'archéologie**, vous
découvrirez *autrement* la richesse des trésors de
notre patrimoine.

ABAQUE

Tablette carrée de terre cuite ou de bois que les anciens constructeurs plaçaient au-dessus des colonnes de bois pour leur donner une plus large assiette et fournir ainsi plus de support aux poutres que portaient ces colonnes.

Synonyme de **tailloir**.

ABAT-SON / ABAT-VENT

Lames de persiennes inclinées de haut en bas et de dedans en dehors, fixées dans un châssis en charpente. On place des abat-vent dans les baies des tours et des clochers, pour empêcher la pluie et la neige de pénétrer dans leur intérieur, mais aussi pour ventiler les charpentes et diriger le son des cloches vers le sol.

ABAT-VOIX

Sorte de dôme ou de dais qu'on place au-dessus des chaires à prêcher pour renvoyer la voix du prédicateur à l'assistance. Souvent, le dessous de l'abat-voix porte dans son centre une colombe sculptée symbolisant le Saint-Esprit.

ABBATIALE

Église d'une abbaye ou d'un monastère. Voir **Église**.

ABOUT

Terme de charpenterie qui désigne l'extrémité façonnée d'une pièce de bois.

ABSIDAL

Qui se rapporte à l'**abside**.

Abside (Saint-Guilhem-le-désert

ABSIDE

Chevet d'une église ordinairement en hémicycle et surmonté d'une voûte en cul-de-four ; il existe aussi des absides de forme rectangulaire. L'abside, située à l'arrière du chœur, est généralement orientée à l'est.

ABSIDIOLE

Diminutif d'abside ; petite abside qui termine une nef latérale, tandis que l'abside ferme la nef centrale ou grande nef.

ACANTHE

Plante dont le feuillage ornemental a été utilisé comme décoration. On a pris l'acanthe pour l'ornementation des frises, des corniches… mais surtout pour la décoration des corbeilles des chapiteaux corinthiens. Il existe diverses variétés d'acanthe : l'acanthe cultivée, l'acanthe molle et l'acanthe épineuse, dont le feuillage, beaucoup moins beau, est armé de petits aiguillons qui font ressembler cette plante au chardon. Lequel chardon a, lui aussi, été souvent utilisé dans la décoration de l'architecture des styles roman et ogival.

*Feuilles d'acanthe
sur un chapiteau corinthien*

Arc en accolade

ACCOLADE (ARC EN...)

Cet arc, qui rappelle l'accolade typographique, et qu'on nomme aussi arc en talon, est tracé au moyen de quatre centres ; il est alternativement concave et convexe. Il a été fréquemment employé dans les monuments du XVe siècle. Voir **Arc**.

ACHE (FEUILLE D')

Feuille d'une plante ombellifère qui a été fort employée dans la décoration architecturale du Moyen Âge. Celle que les sculpteurs de la période ogivale ont souvent reproduite est l'ache à grosse feuille de persil découpée en trois lobes, également employée dans l'art du blason.

ACOUSTIQUE (VASE)

Vase de terre ou de bronze, servant dans les théâtres de l'Antiquité à renforcer la voix des acteurs. De tels vases furent découverts dans de vieilles églises, lors de réparations de la voûte, ce qui laisse à penser que les vases acoustiques étaient aussi utilisés au Moyen Âge.

ACROTÈRE

Petit piédestal pour une sculpture au sommet ou sur les deux bouts d'un fronton.

ADOSSÉ

Voir **Colonne**.

ÂGES (PRÉHISTOIRE)

❑ Âge de la pierre :
jusqu'à -2 000.
❑ Âge du bronze : -2 000.
❑ Âge du fer : -1 000.

AIGLE

Terme d'architecture employé pour désigner la figure triangulaire formée par le tympan d'un fronton, parce que souvent ce fronton était décoré d'un aigle.

AIGUILLE

C'est une flèche, un cloche-ton, etc., en forme de pyramide aiguë. Cet amortissement (voir **Amortir**) ou couronnement aigu termine les contreforts des clochers, les montants de maçonnerie ou de menuiserie, ou même des arcades trilobées ou ogivales. Ce terme est aussi synonyme d'*obélisque*.

AILE

Dans les vastes édifices, tels qu'une basilique ou un temple, partagés en nef centrale et en deux nefs latérales, on nomme ces dernières ailes. Dans les églises, synonyme de bas-côtés.

AILERON

Console qui sert, dans l'architecture classique moderne, à contrebuter, à mi-hauteur d'une façade, le corps central de cette façade.

AISSELIER

Voir **Esselier**.

AITRE

Dérivé du latin *atrium*. L'aitre désignait pendant le Moyen Âge le terrain libre qui entourait une église et qui servait de cimetière. On donnait aussi ce nom au parvis de certaines églises.

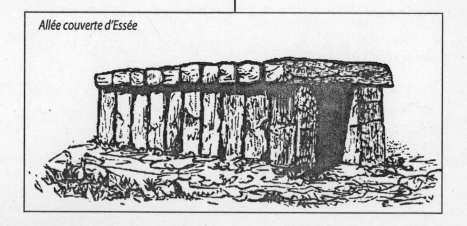

Allée couverte d'Essée

ALBÂTRE

Sorte de pierre calcaire translucide utilisée, notamment, pour les revêtements muraux et les statues.

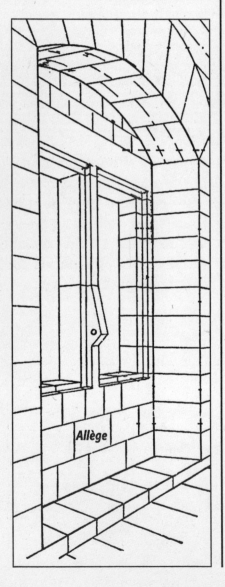

Allège

ALIGNEMENT

Rangée de **menhirs** (voir ce mot). Les alignements se rencontrent surtout en Bretagne. Certains alignements sont en ligne droite, d'autres décrivent des lignes courbes. Ceux de Carnac, les plus célèbres, s'étendent, avec une interruption, sur une longueur de 3 kilomètres.

ALLÉE COUVERTE

Dalles très grossières dressées sur ou plantées dans le sol supportant une ou plusieurs grosses dalles de couverture, ce qui forme une sorte de couloir, d'*allée*.

Voir **Dolmen**.

ALLÈGE

Mur d'appui placé au-dessous d'une fenêtre, d'un créneau et plus mince que l'ensemble du mur.

AMANDE

Auréole de forme elliptique qui entoure fréquemment les représentations des saints, de la Vierge ou du Christ. L'*amande mystique* est le symbole de la virginité de la Vierge Marie.
Voir **Auréole** et **Nimbe**.

AMBON

Petite tribune de pierre ou de marbre des anciennes basiliques chrétiennes.

AMBULATOIRE

Partie d'un cloître, galerie servant à la promenade; aussi le nommait-on également *promenoir*.

AMORTIR

C'est couronner une partie d'architecture par un motif, qui prend le nom d'**amortissement** : fleuron au sommet d'un gâble, statue en haut d'un contrefort.

AMORTISSEMENT

Membre d'architecture qui en couronne un autre plus important : une flèche dans un clocher sert d'amortissement à la tour ; un fleuron sert d'amortissement à un pignon...

Fleuron d'amortissement

AMPHITHÉÂTRE

Sous les Romains, les amphithéâtres ne servirent d'abord que pour les combats de gladiateurs. Le plan en est oblong, parce que, pour certains jeux, il faut du champ.

L'ensemble de l'amphithéâtre, vu de haut, présente une cavité, *cavea*. L'arène était bordée d'un mur un peu élevé, qui portait une série de sièges pour les autorités : le *podium*, au pied duquel pouvait être un canal, qui éloignait les fauves.

Les gradins étaient, dans les amphithéâtres importants, divisés en étages, par des paliers et en compartiments triangulaires, par des escaliers. Le gradin inférieur de chaque étage est monté sur un mur un peu haut, *balteus*, qui a un double but : éviter que la vue des spectateurs placés au-dessus ne soit arrêtée par ceux qui s'y tiennent debout, empêcher les spectateurs de passer d'un étage à l'autre. Les escaliers aboutissaient aux couloirs intérieurs et aux ouvertures d'entrée et de sortie, des **vomitoires** (voir ce mot). Les accès étaient étudiés avec soin : la foule, canalisée, circulait aisément ; après le spectacle, l'amphithéâtre se

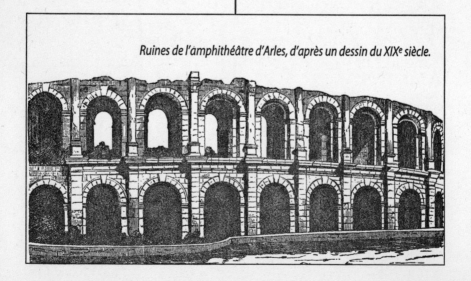

Ruines de l'amphithéâtre d'Arles, d'après un dessin du XIXe siècle.

vidait avec rapidité.

On s'est ingénié parfois à diminuer les dépenses : on a construit des amphithéâtres sur le penchant d'un coteau, qui porte les gradins ; ou bien on a fait des gradins en charpente ; ou encore on a élevé, sur un côté seulement de l'arène, une partie d'amphithéâtre.

Le sous-sol de l'arène pouvait cacher une machinerie pour monter les bêtes, des loges pour les enfermer avant le spectacle, des canaux pour inonder l'arène en vue des **naumachies** (voir ce mot) ou simulacres de combat naval, etc.

Les théâtres antiques, en plein air comme les amphithéâtres, empruntent à ces derniers la disposition des gradins et des accès et l'ordonnance du grand mur extérieur ; mais, au lieu de décrire une courbe fermée, les gradins sont conduits suivant un demi-cercle. Au bas des gradins est l'orchestre, moins large que l'arène des amphithéâtres et où les personnages de qualité prenaient place. En arrière de la scène est un grand mur de fond, percé de portes pour le passage des artistes. Comme dans certains amphithéâtres, on a pu, dans certains théâtres, mettre à profit le relief naturel du sol pour loger la *cavea*, les gradins.

Le Moyen Âge ne construisit pas de théâtres.

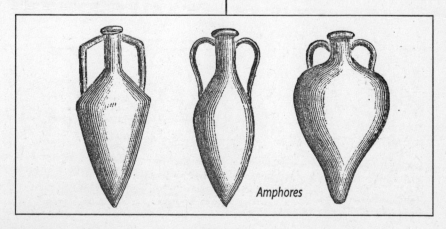

Amphores

AMPHORE

Grand récipient de terre portant des anses sur son col et terminé en pointe. Les amphores servaient à contenir diverses denrées agricoles, surtout du vin; on les plaçait côte à côte et debout dans les caves, parce que le sol de celles-ci portait une forte couche de sable.

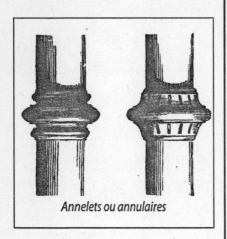

Annelets ou annulaires

ANCRE

Pièce fixée à l'extrémité d'un tirant et maintenant dans ce plan une maçonnerie, un panneau, etc., qui tendent à s'écarter.

ANNELET

Dit aussi *armille*, ou *bague*. Ornement d'architecture de l'époque ogivale formant bracelet autour d'une colonne (dite alors annelée, ou baguée). On désigne aussi sous ce terme le petit filet, ou *listel*, qui orne le chapiteau dorique.

ANTE

Pilier rectangulaire, pilastre carré contre lequel venaient butter les murs d'un temple.

Antéfixes

Les antes formaient la tête des murs du temple. Les chapiteaux des antes pouvaient être aussi richement décorés que ceux des colonnes ; parfois même leur décoration se repliait avec celle des frises qui venaient buter contre ces chapiteaux.

ANTÉFIXE

Objet en terre cuite, à l'extrémité du dernier rang de tuiles d'un toit. On l'utilisait aussi pour orner le faîtage des toits.

ANSE-DE-PANIER

Tracé d'un arc surbaissé dont la courbe, en forme d'anse de panier, est une moitié d'ellipse ou plutôt la combinaison de plusieurs arcs de cercle en nombre impair (Voir **Arc**).

APÔTRES

Les douze apôtres sont représentés dans l'art chrétien avec le Livre saint, la croix ou les instruments de leur supplice (à l'exception de Jean, tous furent martyrisés).

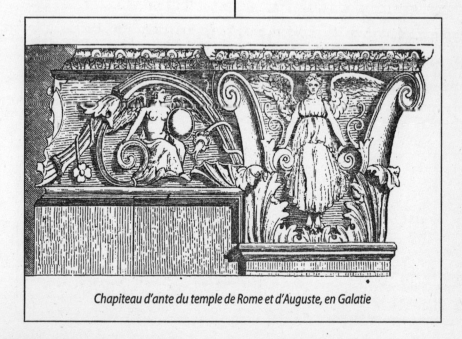

Chapiteau d'ante du temple de Rome et d'Auguste, en Galatie

Saint Pierre

Pierre tient les clefs du ciel. Il symbolise l'Église de Rome et son pouvoir. Il fut crucifié la tête en bas.

André, frère de Pierre, tient une croix en forme de X (instrument de son martyre).

Jacques le Majeur, apôtre de l'Ouest, tient un long bâton de pèlerin (*bourdon*) et arbore la coquille du pèlerinage de Compostelle.

Jean tient une coupe en souvenir d'un poison mortel qu'il but sans dommage. Auteur du quatrième Évangile et de l'Apocalypse, il symbolise la connaissance et l'Est du monde chrétien.

Philippe fut crucifié à Hiérapolis. Il est représenté tenant une croix.

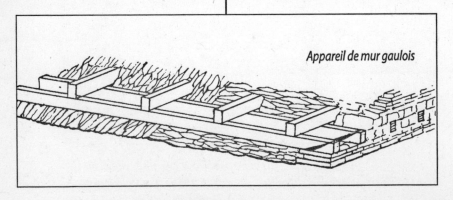

Appareil de mur gaulois

Barthélemy tient un couteau car il fut écorché vif en Arménie (patron des tanneurs).

Matthieu, auteur du premier Évangile, fut tué d'un coup de hache en Éthiopie…

Thomas évangélisa l'Inde, où il fut l'architecte d'un roi. On le représente avec une équerre ou une règle. Il fut décapité d'un coup de glaive.

Jacques le Mineur, dit Frère du Seigneur, mourut lapidé et assommé par un coup de foulon (bâton de teinturier) à Jérusalem.

Thadée (Jude) prêcha en Perse avec l'apôtre **Simon**. Ils furent tous deux égorgés.

Judas est représenté soit lors de sa pendaison, soit comptant le salaire de sa trahison.

Matthias (treizième apôtre), élu à la place de Judas, tient une croix et/ou un livre.

Paul, fréquemment représenté avec l'apôtre Pierre, tient une grande épée à ses côtés.

Voir **Saints**.

APPAREIL

Ce mot s'applique à la dimension des blocs entrant dans une maçonnerie, à leur forme, à la façon dont leurs parements sont traités ou dont les pierres sont disposées dans la maçonnerie.

En ce qui concerne les dimensions, le *moyen appareil* mesure 1 pied de hauteur sur 2 de longueur, soit 0,35 m sur 0,70 m ; si les assises mesu-

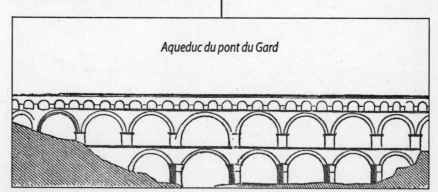

Aqueduc du pont du Gard

rent plus de 0,40 m d'épaisseur, c'est le *grand appareil*; au-dessous de 0,15 m à 0,20 m, c'est le *petit appareil*.

Suivant la manière dont sont juxtaposées les pierres entre elles, on obtient des appareils diversement nommés (*en fougère* ou *en arête de poisson*; *obliqué*; *polygonal* ou *pélasgique, en épi, réticulé, réglé, imbriqué…*)

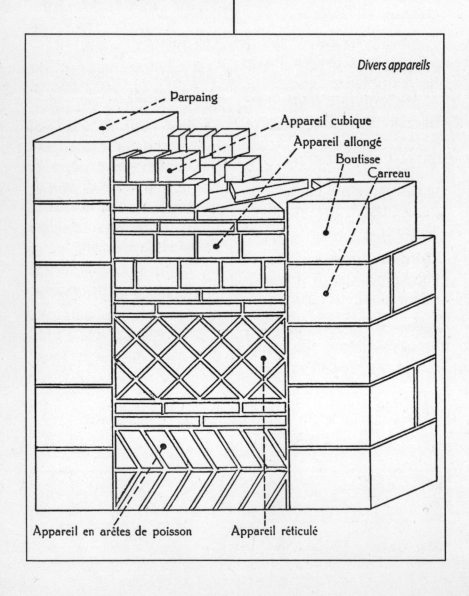

Divers appareils

Parpaing

Appareil cubique

Appareil allongé

Boutisse

Carreau

Appareil en arêtes de poisson

Appareil réticulé

APPENTIS

Toiture à un seul versant, dont le faîte s'appuie sur un mur. Ce mot désigne aussi par extension une construction couverte par un toit ainsi fait.

AQUEDUC

Les aqueducs romains sont des conduites maçonnées ou des tuyaux de plomb ou des tuyaux de terre cuite, pris ou non dans du mortier, ou enfin des tuyaux de bois. Les conduites maçonnées sont revêtues intérieurement d'un ciment qui doit à la présence de la brique pilée une teinte rougeâtre et qui forme sur les angles inférieurs de la cuvette un bourrelet destiné à empêcher les infiltrations. La pente est très variable ; il semble que, pour ralentir le courant, on l'ait parfois rompu en faisant tomber l'eau dans des bassins.

Il est périlleux de poser les aqueducs, qui sont étroits, sur des arcades trop hautes ; aussi épaulait-on la construction au moyen de contreforts, ou bien on faisait des piles très épaisses au pied et qui s'amincissaient en montant ; un procédé courant consiste à superposer deux ou trois étages d'arcades, dont les dimensions peuvent

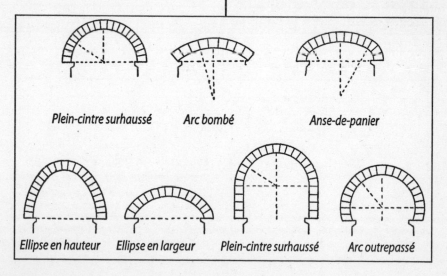

Plein-cintre surhaussé   Arc bombé   Anse-de-panier

Ellipse en hauteur   Ellipse en largeur   Plein-cintre surhaussé   Arc outrepassé

décroître de bas en haut. Quelques aqueducs sur arcades ont **été** construits durant le Moyen Age.

ARABESQUE

Ornements plus ou moins contournés, composés de tiges, de feuillages, de feuilles, de fruits, d'enroulements, ainsi que d'animaux fantastiques.

ARASER

Ramener à un plan horizontal, la surface supérieure inclinée d'une construction, talus d'un contre-fort, assise qui n'est pas de niveau, etc. L'*arase* est l'assise, en briques ou autre, qui sert à rétablir le niveau

ARBALÉTRIER

Dans une charpente, pièce oblique de la **ferme** (voir ce mot) ; les deux arbalétriers se rejoignent par le haut et déterminent la pente du toit.

ARBRE

Le christianisme associe la croix du Seigneur à un **arbre** reliant la Terre et le Ciel, l'homme et Dieu. La sculpture romane reprend le symbolisme de la religion druidique, notamment les visages-feuilles, ainsi que les motifs végétaux entrelacés - voir **Végétal**.

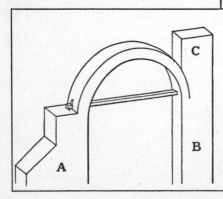

Pour assure la stabilité d'un arc, on peut augmenter la masse des pieds-droits, surtout vers le bas (**A**), appuyer verticalement (**C**) sur le pied-droit (**B**) qui porte la charge d'une maçonnerie ou d'une toiture.

ARC

Appareil de maçonnerie conduit suivant une ligne courbe ou suivant plusieurs lignes courbes combinées. Par extension, on appelle *arc en mitre* celui qui dessine un angle. Pour faire un arc, on pose au-dessus de l'appui ou *pied-droit* une moulure saillante ou **imposte** ; sur cette imposte on construit un appareil provisoire de bois ou **cintre**, sur lequel les maçons rangent les **claveaux**, c'est-à-dire des pierres taillées en coin. Lorsque l'arc est terminé, on enlève le cintre.

Les arcs ont des figures diverses. La plus habituelle est le *plein-cintre*, qui affecte la forme d'une demi-circonférence. L'*arc bombé* répond à un segment de cercle moins développé que le plein-cintre. L'*arc en anse-de-panier*, composé de trois, cinq, etc., arcs de cercle qui se raccordent en une courbe basse, ressemble à l'*arc elliptique* coupé suivant son grand diamètre.

L'*arc surhaussé* est un trompe-l'œil ; c'est un arc en plein-cintre dans lequel les impostes sont au-dessous des naissances véritables. L'*arc outrepassé* est un plein-cintre outrepassé ; certains le confondent avec l'*arc en fer-à-cheval*, d'autres réservent ce dernier nom à l'arc dont

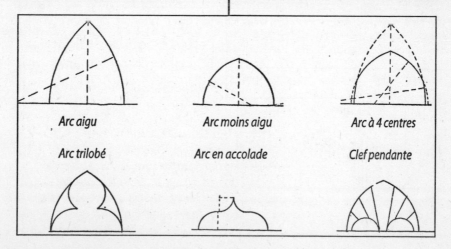

| Arc aigu | Arc moins aigu | Arc à 4 centres |
| Arc trilobé | Arc en accolade | Clef pendante |

les retombées sont obliques, mais à peu près rectilignes.

Plus un arc est élancé et plus la poussée est réduite ; plus un arc est aplati et plus la poussée est développée. L'*arc bombé* ou l'*anse-de-panier* écartent plus fortement les pieds-droits que le *plein-cintre* de même portée. Pour assurer les pieds-droits contre le renversement, on peut.

— Poser un arc de matériaux légers, qui poussent moins, sur des pieds-droits de maté-

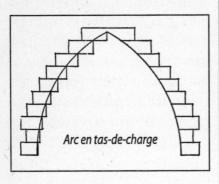
Arc en tas-de-charge

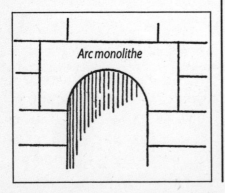
Arc monolithe

riaux lourds, qui sont plus stables. ;

— Faire l'arcade étroite et basse et augmenter la masse des pieds-droits, surtout vers le bas.

— On peut lester les pieds-droits d'un poids mort, maçonnerie ou toiture.

— On peut encore, d'une naissance de l'arc à l'autre naissance, placer un tirant en bois ou en fer que l'on arrête à ses extrémités ; il empêche l'écartement.

— On peut enfin opposer à la poussée une poussée contraire ; c'est ce que l'on fait lorsque l'on construit une suite d'arcades, par exemple dans les ponts : les poussées de deux arches voisines se neutralisent ; mais aux deux bouts du pont, on n'a pas cette ressource et il faut, au lieu des piles ordinaires, des culées assez puissantes pour contenir la poussée.

ARCADE

Construction en pierre, en bois, en fer, qui repose sur deux piliers ou colonnes et qui peut affecter la forme de tous les arcs ; les arcades peuvent être plein cintre, surbaissées, surhaussées, angulaires, en anse de panier…

ARC MONOLITHE

On trouve fréquemment des simulacres d'arcs, qui ont de l'arc la figure extérieure, mais qui n'en ont pas la structure et qui ne travaillent pas comme des arcs : ce sont les arcs monolithes. Ils sont prati-

qués à travers un bloc ; le linteau échancré n'en est pas moins un linteau, qui pèse verticalement.

ARCATURE

Série d'arcades, spécialement de petites arcades aveugles ou feintes figurées sur un mur, soit en relief, soit en peinture. — Ne pas dire arcature pour **arcade**.

ARC-BOUTANT

L'arc-boutant est un arc moins développé qu'un arc ordinaire et qui est appliqué à l'extérieur d'un mur pour l'épauler, pour le soutenir contre le renversement. Son pied porte sur un fort pilier nommé **contrefort** (voir ce mot).

ARC-DE-CLOÎTRE

Genre de voûte constituant une calotte à pans coupés, formée de berceaux dont la rencontre détermine des angles rentrants à l'intrados.

Arcade

ARC DE DÉCHARGE

Arc bandé dans une maçonnerie, au-dessus d'une partie faible, afin de la protéger.

ARC EN ENCORBELLEMENT

Dit aussi *arc en tas-de-charge*. Superposition de **corbeaux** (voir ce mot) placés horizontalement l'un sur l'autre et dont chacun avance sur le corbeau inférieur : c'est un **encorbellement** (voir ce mot). Sur deux pieds-droits qui se font face, on élève deux encorbellements : ils se rapprocheront en montant et il viendra un moment où on pourra les réunir en jetant sur le vide une dernière pierre ; on abat les arêtes saillantes des assises et on obtient de la sorte le contour d'un arc. Les voûtes en encorbellement se rencontrent dès l'époque néolithique.

ARC DE TRIOMPHE

Les arcs de triomphe romains sont des arcs isolés, ce qui les distingue des portes monumentales. Ils sont bâtis pour commémorer un événement, pour glorifier un personnage ou pour embellir une ville, un

Archère

Arc-de-cloître

pont, etc. Ces arcs peuvent présenter une grande baie accostée de deux baies plus petites. La décoration sculpturale s'imposait dans ces édifices purement somptuaires ; elle est souvent abondante autant qu'intéressante. Le Moyen Âge ignora les arcs de triomphe, dont la vogue reprit en France au XVIIe siècle. Voir **Pont**.

ARC TRIOMPHAL

On nomme arc triomphal celui qui marque, du côté de l'Est, l'entrée de la nef. Des églises latines ont en cet endroit un mur transversal ajouré de baies, rappelant l'*iconostase* (cloison décorée d'icônes qui sépare la nef du sanctuaire) des églises grecques. Plus souvent on a jeté en travers de l'arc triom-

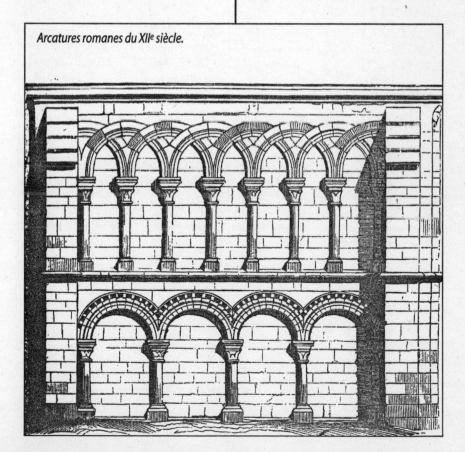

Arcatures romanes du XIIe siècle.

phal une poutre destinée à porter un Crucifix, les statues de la Vierge et de saint Jean, des chandeliers, des reliquaires. C'est la *poutre de gloire,* qui pouvait être revêtue de métal et posée sur des poteaux ou sur des colonnes. La poutre de gloire amena, pendant la période gothique, le **jubé** (voir ce mot).

ARCHE

Voûte d'un pont.

ARCHÉOLOGIE

Science des arts, vestiges et monuments antiques. On distingue de nombreuses variétés d'archéologie, égyptienne, gréco-latine, militaire, sacrée... L'archéologie étudie aussi bien les monuments d'architecture, de sculpture ou de peinture, que les pierres gravées, les médailles, les ustensiles et instruments sacrés, funéraires, civils ou militaires. C'est par l'archéologie que l'on peut reconstituer l'histoire de civilisations disparues. À partir du XVIIe siècle, on commence à recenser les trésors issus des civilisations passées. Ainsi Louis XIV parraine-t-il l'Académie des inscriptions et belles lettres. Mais c'est avec Napoléon Bonaparte, qui associe des savants à sa campagne d'Égypte, que l'archéologie devient une science reconnue.

ARCHÈRE

Fente dans un mur pour le tir de l'arc.

ARCHITRAVE

L'architrave ou maîtresse poutre est la poutre en pierre qui est posée horizontalement d'une colonne à l'autre, d'un pilier au pilier voisin. L'architrave est une partie de la construction qui porte immédiatement sur le **chapiteau** d'une **colonne** ou d'un **pilastre**. Les architraves sont surmontées d'une **frise** ou d'une **corniche**.

L'art romain dérive de l'art

étrusque et de l'art grec. Une première différence entre l'art grec et l'art étrusque ou romain provient de ce que le constructeur grec n'emploie pour couvrir les baies et pour franchir les vides que l'architrave, tandis que les Étrusques et après eux les Romains ont connu l'usage de l'arc. Quand la poutre de pierre couvre une baie pratiquée dans une maçonnerie pleine, elle prend le nom de **linteau.** L'architrave pèse verticalement sur l'appui ; pour que celui-ci supporte la charge, il faut qu'il soit assez large et de matériaux assez résistants pour ne pas s'écraser sous la pression. Si le poids est trop fort, la pierre surchargée se fend et l'appui présente des fissures qui attaquent les blocs.

ARCHIVOLTE

L'archivolte est une moulure ou un groupe de moulures concentriques à l'**extrados** (voir ce mot) qui décore la tête de l'arc. — Ne pas confondre l'archivolte avec l'arc lui-même.

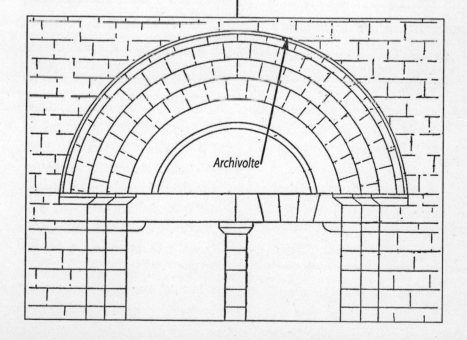

Archivolte

ARÊTE

Ligne d'intersection entre deux surfaces.

ARÊTES-DE-POISSON

Figure dessinée par certaines tailles, par certains appareils et formée de lignes stries ou joints obliques alternativement dirigés dans un sens et dans l'autre. On dit aussi que ces lignes sont en épi ou en feuille de fougère.

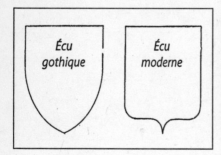

Écu gothique   *Écu moderne*

Fleurs-de-lis gothique et moderne

ARMER

Armer une poutre, c'est la garnir de ferrures pour la relier à une autre ou pour arrêter l'écartement. Le béton armé est un béton dans lequel sont noyées des tringles de fer.

ARMOIRIES

Les armoiries sont posées sur des écus, dont la forme est habituellement celle des écus, des boucliers du XIIIᵉ siècle, pointus du bas. À partir de la fin du XVIᵉ siècle, apparaissent les écus plus carrés dont la ligne inférieure dessine une accolade renversée. Les blasons féminins sont quelquefois sur un écu en losange.

Les pièces héraldiques peuvent être représentées isolément. *Châteaux* de Castille, *léopards* d'Angleterre, *dauphins* du prince héritier de France (au milieu du XIVᵉ siècle, le Dauphiné fut attribué à ce prince), enfin et surtout *fleurs-de-lis*.

La forme des fleurs-de-lis a varié suivant les époques ; plus élancées au Moyen Âge, elles deviennent épaisses et lourdes vers la fin de l'Ancien Régime.

ARRIÈRE-VOUSSURE

Partie de voûte plus évasée que l'ouverture de la baie où elle se trouve. On pratique des arrière-voussures pour fournir plus de jour à une pièce.

ASSEMBLAGE

Action de relier deux pièces de bois et procédé employé à cet effet.

ASSISE

File horizontale des blocs dont la maçonnerie est composée. — Ne pas employer ce terme pour les rangs concentriques de claveaux.

ASSOMMOIR

Construction placée en encorbellement au-dessus d'une porte ou d'un passage pour en défendre l'entrée ; on jetait de là des pierres, du plomb et autres objets lourds pour assommer les assiégeants : d'où le nom d'*assommoir* donné à cette construction.

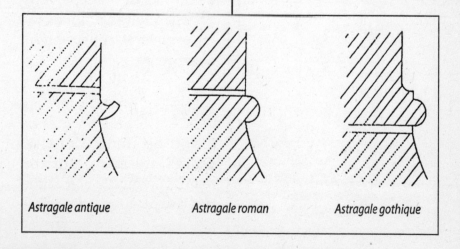

Astragale antique   Astragale roman   Astragale gothique

ASTRAGALE

Moulure saillante profilée entre le fût d'une colonne et le chapiteau. L'astragale roman est une baguette ; l'astragale gothique est profilé en larmier, de façon à empêcher les ruissellements.

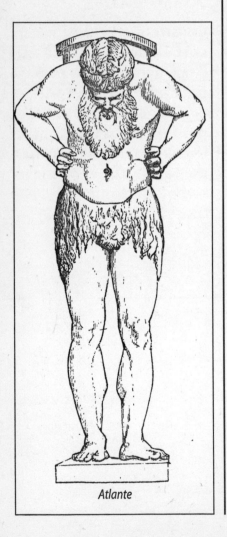

Atlante

ATLANTE

Statue virile formant remplaçant une colonne comme support d'entablement ; ce terme est synonyme de *télamon*.

ÂTRE

Partie de la cheminée où on fait du feu.

ATRIUM

Première cour de la maison romaine et la plus rapprochée de la rue, cour couverte autour de laquelle se trouvaient placées les différentes pièces de la maison.

Ce terme tirerait son nom d'une ville de Toscane, *Atria*, dans laquelle on aurait fait les premières constructions de ce genre.

ATTIQUE

Étage de dimensions réduites qui couronne certaines compositions architecturales.

AURÉOLE

Représentation du rayonnement autour d'un corps.

Encadrement carré, circulaire, elliptique qui entoure le corps du Christ, de la Vierge ou de saints, symbolisant le cercle lumineux de leur *aura*, marque de leur sainteté.

Voir **Amande**, **Mandorle** et **Nimbe**.

AUTEL

Plate-forme sur laquelle on faisait des sacrifices aux dieux. Chez les chrétiens, table sur laquelle on célèbre la messe.

AVANT-NEF

Voir **Porche**.

AVEUGLE

Se dit d'une arcade, d'une fenêtre, d'une baie quelconque simulée et qui n'est pas ouverte.

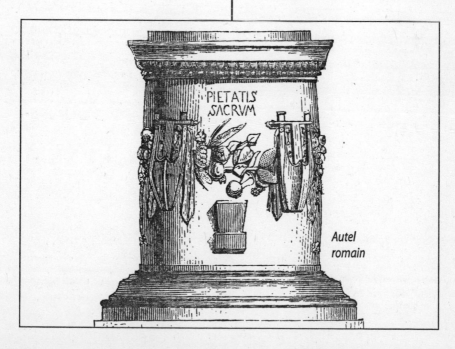

Autel romain

BADIGEON

Couleur à la détrempe appliquée sur les parements et qui est, en général, un lait de chaux additionné d'ocre, de poudre de pierre, etc.

BAGUE

Moulure annulaire horizontale qui contourne une colonne. Voir **Annelet**.

BAGUETTE

Moulure profilée en demi-cercle, plus mince que le tore.

BAHUT

Mur bas, par exemple, celui qui, dans les cloîtres, porte la claire-voie. Autrefois, on disait du chaperon d'un mur qu'il était en bahut lorsqu'il avait un profil bombé.

BAIE

Ouverture dans un mur (porte ou fenêtre), dans un panneau de charpente, etc.

BAINS

Les bains sont parfois doubles : ils comprennent un établissement pour chaque sexe ; les deux bains sont disposés de façon à être chauffés par un seul fourneau. Les bains romains comprennent : l'*apodytérium*, salle où on se déshabillait et où on laissait ses vêtements ; le *tepidarium*, salle tiède de pour la transition entre le grand air et l'étuve ; le *caldarium*, salle d'étuves, généralement sur plan rectangulaire, qui renferme, à un bout, dans une alcôve semi-circulaire, un bassin pour les ablutions ; le *frigidarium*, pour les bains froids.

L'air de ces salles pouvait être porté à une température plus ou moins élevée par un **hypocauste** (voir ce mot).

BALDAQUIN

Dais disposé au-dessus d'un trône ou d'un autel.

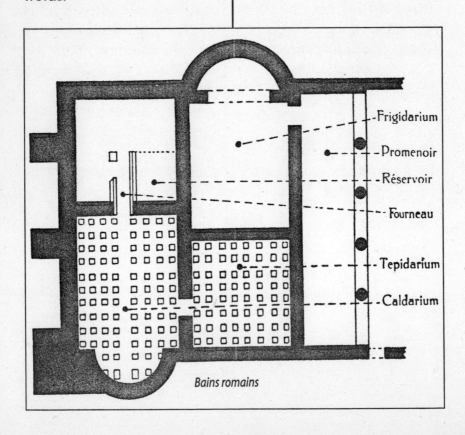

- Frigidarium
- Promenoir
- Réservoir
- Fourneau
- Tepidarium
- Caldarium

Bains romains

BALISTE

Machine de guerre qui servait à lancer de gros traits. C'était un bâti en charpente composé de deux montants verticaux réunis par une double traverse horizontale.

Des écheveaux de nerfs tordus ainsi qu'une corde d'arc formaient les forces mouvantes de cette machine, qui comportait une rigole en fer dans laquelle on plaçait une grosse flèche.

Au moyen d'un moulinet ou de moufles, des hommes bandaient la corde de cet arc énorme, qui, détendu, lançait des traits d'environ 50 kg à 500/600 m de distance.

BALTEUS

Mur ou parapet qui, dans les théâtres ou les amphithéâtres, séparaient deux groupes de gradins.

BALUSTRADE

Rangée de **balustres** portant une main courante à hauteur d'appui et, par extension, garde-fou ajouré.

Les balustrades apparaissent au début du gothique. Elles étaient faites, suivant les ressources du pays, de pièces montées l'une sur l'autre ou d'une dalle évidée, sinon ajourée. Le dessin change avec les époques ; petites ar-

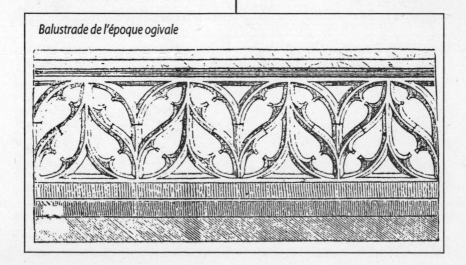

Balustrade de l'époque ogivale

cades brisées, remplage rayonnant ou flamboyant. Le XVe et le XVIe siècle placèrent dans les balustrades des lettres, des emblèmes et des devises. La Renaissance incorpora dans ces appuis des formes empruntées aux ordres, comme de petites colonnes. Ces colonnettes se renflèrent et prirent le galbe des balustres faits au tour. Le XVIIe siècle et le XVIIIe mirent des balustrades de ce genre en haut des façades : elles servaient à dissimuler le toit, lorsqu'il fut admis que le style noble ne doit pas montrer les toitures.

BALUSTRE

Petit support, de section circulaire ou non, renflé de façon à présenter la forme d'un flacon à long goulot.

BANDE LOMBARDE

Membre d'architecture vertical formant une faible saillie sur un mur, pareil à un contrefort très plat.

BANDEAU

Ce mot à deux sens ; il désigne une moulure saillante, plate et haute, ou bien un groupe de moulures horizontales qui marque le niveau des étages.

BANDER

En architecture, bander un arc c'est le construire.

BANNIÈRE

Sorte d'étendard sur lequel sont peintes ou gravées certaines figures imaginaires ou symboliques. En France, lorsqu'il partait en guerre, le roi prenait la bannière à l'abbaye de Saint-Denis.

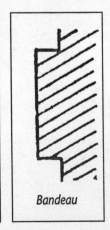

Bandeau

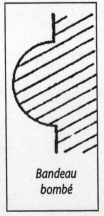

Bandeau bombé

BAPTÊME

Dans les rites chrétiens, le baptême était donné dans le **baptistère**, à l'entrée de l'édifice religieux. Jusqu'au Moyen Âge, le baptisé était plongé dans un bassin, d'où l'importance de certains vestiges de baptistères. Ce n'est qu'après que le prêtre se contenta d'ondoyer le baptisé, de l'asperger d'eau. Dans l'art chrétien, le baptême le plus représenté est celui de Jésus par Jean-Baptiste.

BAPTISTÈRE

Édifice spécialement affecté à l'administration du baptême. — Ne pas appeler de ce nom les *fonts baptismaux*.

L'administration du baptême était originairement réservée à l'évêque, de sorte que le baptistère est une annexe de la cathédrale. L'emplacement en est variable : on trouve des baptistères jusque dans les cryptes. Le baptême était donné d'habitude par immersion : le catéchumène descendait dans une piscine. Ce rite fut abandonné à l'époque romane ; c'est pourquoi on ne fit plus alors de baptistères proprement dits, séparés de l'église.

Il n'est pas toujours aisé de distinguer un baptistère : il est souvent dédié à saint Jean-Baptiste et Il renferme une piscine avec ses conduits

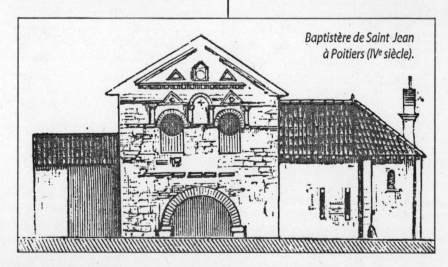

Baptistère de Saint Jean à Poitiers (IVᵉ siècle).

pour l'adduction et l'évacuation des eaux. La piscine est de forme variable, aussi bien que le baptistère lui-même. Celui-ci est souvent octogone et il peut avoir un bas-côté. Par extension, on appelle chapelle des fonts baptismaux, située à l'entrée de l'église, sur le côté nord.

BARBACANE

Ouvrage de fortification bas, avancé, destiné à protéger une porte, la tête d'un pont, etc. C'est aussi une ouverture étroite pour l'aération, l'éclairage, le tir, ou l'écoulement des eaux d'infiltration.

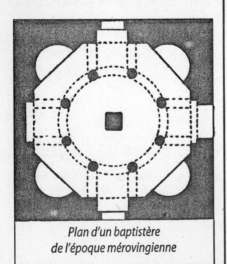

Plan d'un baptistère de l'époque mérovingienne

BARDEAUX

Planchettes que l'on pose à recouvrement comme des tuiles plates, pour former un toit ou pour abriter un parement.

BARDER

Transporter des matériaux lourds.

BARLOTIÈRE

Barre fer qui soutient un vitrail.

BAS-CÔTÉS

Les bas-côtés sont, dans les églises à trois vaisseaux, les vaisseaux latéraux, plus bas que la nef centrale. — Éviter ce terme quand les vaisseaux latéraux sont sensiblement aussi hauts que celui du milieu.

BASE

La base est un empattement au pied de la colonne ; plus l'empattement est prononcé et plus le support a de la difficulté à s'enfoncer dans le sol ; en outre, le fût, étant plus largement assis, résiste mieux aux oscillations, aux pesées obliques, au renversement.

La colonne dorique grecque n'avait pas de base ; les colonnes romaines en ont habituellement une, qui est posée sur une **plinthe** (voir ce mot) ou même sur un piédestal formé d'un socle, d'un dé et d'une corniche. La base attique comprend deux tores inégaux séparés par une scotie ; entre chacun des **tores** et la **scotie** (voir ces mots) est réservé un **filet**. On décorait quelquefois ces bases de menues sculptures ; on y accrochait des ornements de métal ; on les surmontait d'un collier de grandes feuilles, d'où le fût paraissait émerger.

La base du Moyen Âge est dérivée de la base attique. Sur ce thème, les architectes latins et romans se sont ingéniés à bien des variations. L'une des plus notables consiste à disposer, aux angles, des griffes qui agrafent le tore inférieur à la plinthe. Au XIIIᵉ siècle, la scotie perdit de sa hauteur et les

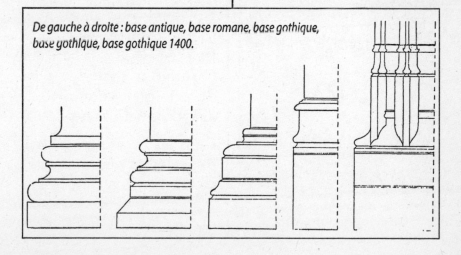

De gauche à droite : base antique, base romane, base gothique, base gothique, base gothique 1400.

deux tores se rapprochèrent ; ils finirent par se rejoindre et de la scotie il ne resta plus qu'une dépression dans la moulure ; celle-ci déborda sur la plinthe.

La plinthe, devenue polygonale pour mieux s'adapter à la base qu'elle portait, fut montée sur un socle couronné d'un profil mouluré.

Or, cette moulure fut incorporée à la base, qui finit par prendre la forme des bouteilles à long col superposées ; c'est le type des XVe et XVIe siècles.

Basilic

BASILIC

Dans l'iconographie du Moyen Âge le basilic symbolise le génie du mal ainsi que la débauche. C'est un animal fantastique qui a la tête, le cou et la poitrine du coq greffés sur le corps d'un lézard à huit pattes. Il était né d'un œuf de coq couvé par un crapaud ; sa vue seule causait la mort.

BASILIQUE

Le mot basilique a, dans l'histoire de l'architecture religieuse, deux sens distincts : pour les canonistes, la basilique est une église à laquelle ont été octroyés certains privilèges (Édifice religieux consacré à un saint, avec l'autorisation du pape) ; pour les archéologues, la basilique chrétienne est une église dont le plan comporte, le long de la nef, des bas-côtés.

Dans les basiliques latines, du moins les plus complètes, l'ordonnance architecturale de la nef comptait trois étages : en bas, les grandes arcades ménagées entre nef et bas-côtés ; plus haut, le **triforium** (voir ce mot), rangée de baies par lesquelles s'ouvrait vers la nef la tribune établie au-dessus du bas-côté : enfin, les fenêtres. Des voûtes pouvaient exister dans certaines parties de l'édifice : sur l'abside, un cul-de-four ; sur les bas-côtés, des voûtes d'arêtes. La nef n'était pas voûtée. La basilique romane présente, dans son ordonnance intérieure, une extrême diversité. L'architecte a pu supprimer, par exemple, les fenêtres, ou le triforium. De la tribune de premier étage il n'est resté quelquefois qu'un souvenir, soit que le triforium soit aveuglé, soit qu'il s'ouvre sur le bas-côté.

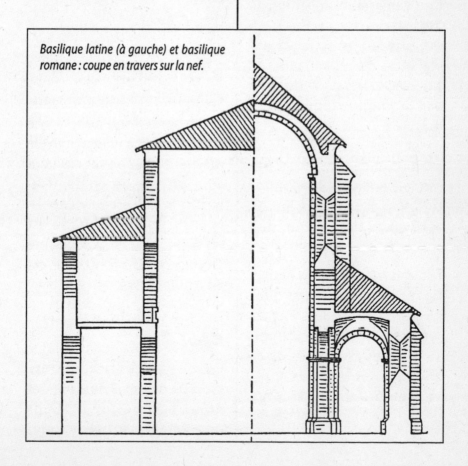

Basilique latine (à gauche) et basilique romane : coupe en travers sur la nef.

Dès le XIIe siècle, on éleva des cathédrales gothiques où, sous les voûtes d'ogives, se développait dans toute son ampleur le type basilical : arcades, large triforium, vastes fenêtres. Dans le courant du XIIIe siècle, les arcades en bas, les fenêtres en haut empiétèrent sur le triforium. En même temps, celui-ci perdait de sa profondeur ; la tribune était devenue, au XIVe siècle, une étroite galerie, que les fenestrages absorbaient de plus en plus. Au XVe siècle, la galerie disparut et l'étage des fenêtres immenses vient immédiatement au-dessus de celui des grandes arcades. Les églises modernes tantôt sacrifient le triforium et tantôt le conservent en lui donnant un dessin varié.

Les vaisseaux romans étaient par nécessité étroits et quelquefois élancés. Cet élancement s'exagéra jusque vers 1250 et les arcs brisés envahirent toutes les baies, où ils se maintinrent aussi longtemps que dura le gothique.

Au XIVe siècle, la section des nefs et le tracé des baies s'élargissent ; la verticalité des lignes s'atténue. Le XVe emploie des arcs à quatre centres, qui sont moins aigus que les arcs brisés ordinaires.

Depuis la Renaissance, l'édifice est plus large et moins haut ; les arcs sont en plein-cintre, en ellipse ou en anse de panier, jamais brisés.

(Voir **Église**)

BAS-RELIEF

Sculpture formant une faible saillie sur le fond auquel elle adhère ; si la saillie atteint la moitié de l'épaisseur du sujet, l'ouvrage est en demi-relief ; si la saillie égale l'épaisseur du sujet, l'ouvrage est en plein relief ; si la sculpture se détache du fond, elle est en ronde-bosse.

BASSE

Ce mot a deux acceptions : en droit canon, il désigne des églises dotées de certains privilèges, lesquels varient suivant qu'il s'agit de basiliques mineures, majeures, etc.; en archéologie, il se dit, d'abord des édifices antiques qui servaient de lieux de réunion, ensuite des églises de plan allongé à trois vaisseaux.

BASTIDE

Ville construite au Moyen Âge, sur un plan régulier, lequel comprend en général une place entourée de couverts.

BASTILLE

Dans la fortification du Moyen Âge, ce terme s'applique à des ouvrages avancés. Le diminutif est *bastillon*, dont on a fait *bastion*.

BASTION

Autrefois *bastillon*, petite bastille. Ouvrage qui projette un angle saillant dans certains systèmes de fortification moderne.

On nomme *faces* les parties antérieures d'un bastion, *flancs* les parties latérales,

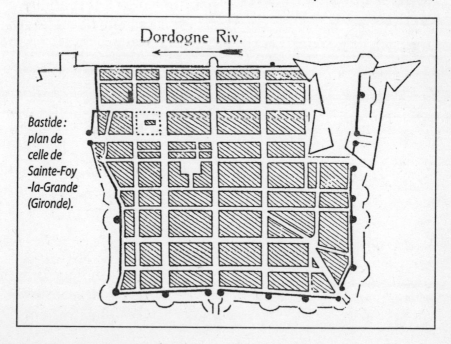

Dordogne Riv.

Bastide : plan de celle de Sainte-Foy -la-Grande (Gironde).

gorge l'espace compris entre les deux flancs, et *courtine* le mur d'enceinte qui relie deux bastions entre eux.

BÂTIÈRE

Toit en forme de bât, à deux versants.

BÂTONS BRISÉS

On appelle bâtons brisés l'ornement obtenu à l'aide d'une moulure conduite en zigzag et qui dessine des chevrons tangents. Ne pas appeler bâtons brisés les **grecques**.

BEFFROI

On appelle de ce nom : le donjon communal, une tour mobile en bois qui servait dans les sièges, enfin la charpenterie qui, dans les clochers, est destinée à suspendre les cloches servant dans les occasions solennelles, ainsi que de signal d'alarme quand la ville courait un danger quelconque.

BÉLIER

Machine de guerre consistant en une poutre mobile habituellement suspendue, armée d'une tête de métal et

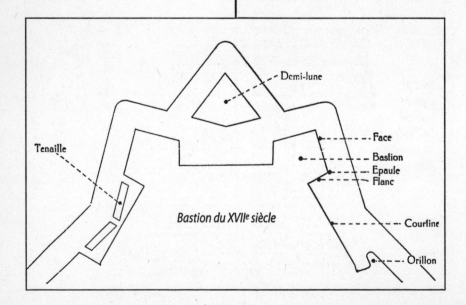

Bastion du XVIIe siècle

que l'on projetait contre des maçonneries à démolir. Quand le bélier était enfermé dans des baraques en bois qui simulaient une carapace, on le désignait sous le nom de *tortue*. Cette enveloppe protégeait des traits des assiégés les hommes qui manœuvraient le bélier. Les Assyriens, les Égyptiens, les Grecs et les Romains ont employé cet engin de guerre.

BÉNITIER

Récipient de pierre placé à l'entrée d'une église et qui contient de l'eau bénite.

BERCEAU

La voûte en berceau est un arc prolongé, quels qu'en soient le tracé (berceau en plein-cintre, brisé, en anse de panier, etc.) et la direction (berceau rampant, horizontal, berceau biais, droit, berceau annulaire, etc.).

BESANT

Le besant était une monnaie d'or frappée à Byzance ; on donna ce nom à un petit ornement rond et plat, comme une pièce de monnaie. — Ne pas confondre avec la perle, qui est une demi-sphère.

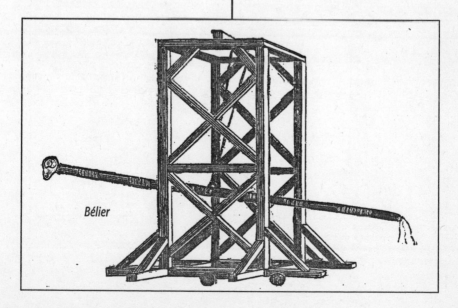

Bélier

BESTIAIRE

L'antiquité classique avait légué aux premiers siècles chrétiens une histoire naturelle amplifiée de bien des fables; l'ingéniosité des docteurs y trouva matière à maints commentaires édifiants, qui firent la fortune des Bestiaires.

L'art s'empara de ces données et représenta, en même temps que des animaux réels, comme l'éléphant ou le chameau, des espèces fantastiques : le *basilic*, coq terminé en serpent; *l'aspic*, sorte de dragon, reptile ou quadrupède bas sur pattes; le *griffon*, quadrupède ailé à tête d'aigle; la *licorne*, quadrupède armé d'une corne; le *charadrius*, sorte d'oiseau qui, placé près d'un malade, aspire la maladie; l'homme à pied de cheval; l'homme à pied unique, sous lequel il s'abrite comme sous un parasol, etc.

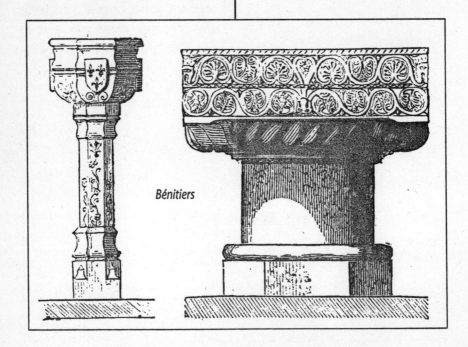

Bénitiers

BÉTON

Pierre artificielle, conglomérat de pierres concassées prises dans du mortier. Des auteurs distinguent le béton du blocage : le premier serait obtenu par compression dans des caissonnements provisoires.

BIAIS

Le berceau biais est celui dans lequel la tête n'est pas perpendiculaire à l'axe.

BILLETTES

Ornements formés d'un tore interrompu.

BISEAU

Plan oblique que l'on obtient en abattant une arête. Certains auteurs réservent le nom de chanfrein au biseau qui est incliné à 45°. — Ne pas employer ces termes quand il s'agit de plans larges, comme l'appui d'une fenêtre.

BIVEAU

Maçonnerie de pierres brutes prises dans du mortier. Voir **Béton**.

BLOCHET

Pièce de bois posée horizontalement sur la tête d'un mur, dans le sens de l'épaisseur, et où s'assemblent le pied de l'arbalétrier ou du chevron et le pied d'une jambette.

BOSSAGE

Relief, bosse ménagée sur le parement des blocs, soit définitivement, soit dans l'intention de les retailler après la pose.

Billettes

Besants

BOUCLER

On dit qu'un mur *boucle* lorsque, sous l'effet d'une charge, il fait ventre et devient bombé.

BOUCLIER

Au Moyen Âge, les formes des boucliers sont variées, selon celles des armures. Les seigneurs, en peignant leurs armoiries sur leur *écu*, utilise leur bouclier comme signe de ralliement, dans les batailles. Motif décoratif placé dans les frises des édifices.

BOUDIN

Synonyme de **tore**.

BOULIN

Traverse d'un échafaudage.

BOURDON

Bâton du pèlerin, long et lourd, aidant à la marche mais pouvant aussi servir à la défense. C'est l'un des attributs de saint Jacques de Compostelle, avec la coquille.

BOUSIN

Croûte mal durcie sur les pierres. Débarrasser une pierre du bousin se dit *ébousiner*.

BOUTISSE

Bloc posé de telle sorte que l'une des petites faces est en parement et que la plus grande longueur plonge dans l'épaisseur de la maçonnerie. Si le bloc traverse le mur de part en part, il est dit parpaing. Les blocs en surface et sans profondeur s'appellent carreaux.

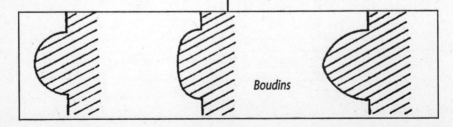

Boudins

BRETÈCHE

Tourelle, échauguette, édifice en encorbellement dans une fortification, en saillie sur un parement. Logette accolée à un mur et percée, en bas, de mâchicoulis.

BRIQUE

Bloc de terre séchée ou cuite, employé dans la maçonnerie.

BUCRANE

Tête de bœuf employée à la décoration des frises.

BUTÉE

Action de buter une maçonnerie, de l'épauler et, comme on disait jadis, de la *contretenir* contre le renversement. Massif de maçonnerie qui remplit ce rôle.

BYZANTIN

De Byzance. Relatif aux civilisations romaine, puis chrétienne, de cette capitale de l'Empire d'Orient jusqu'à sa conquête par l'islam en 1453.

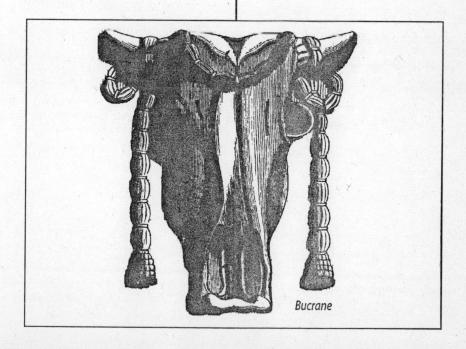

Bucrane

CÂBLE

Ornement, moulure romane qui imite une grosse corde.

CAIRN

Monticule de pierres.

CAISSON

Compartiment creux à la surface intérieure d'une voûte, d'un arc ou d'un plafond.

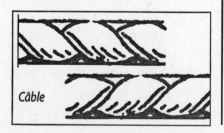

Câble

CALDARIUM

Dans les bains antiques, salle où on prenait bains chauds et bains de vapeur. (Voir **Bains**).

CALICE

Chez les Grecs et les Romains : vase en forme de coupe, circulaire avec deux anses, et monté sur un pied plus ou moins élevé.

Chez les chrétiens, ustensile du culte servant à la célébration de la messe.

CALVAIRE BRETON

Le cimetière était clos ; il pouvait avoir une porte monumentale. En Bretagne, le Christ en croix est accompagné de personnages qui étaient à ses côtés sur le Golgotha : l'ensemble forme ces calvaires bretons, qui appartiennent à la période gothique avancée.

Croix d'un cimetière du Finistère

CAMAÏEU

Peinture monochrome ou ton sur ton.

CAMPAGNE

Ensemble des travaux exécutés pendant une année ou pendant la partie de l'année durant laquelle les chantiers sont en activité.

CAMPANE

Corbeille d'un chapiteau.

CAMPANILE

Petit clocher ajouré, construit notamment dans les cimetières, ou à proximité d'édifices religieux plus importants.

CANAL

Conduit pour les eaux, en terre cuite, poterie, plomb, ou en maçonnerie. Dans le chapiteau ionique, le canal est le filet (ou surface unie) situé entre l'abaque et l'échine qui suit la volute et s'arrête à l'œil de celle-ci.

CANDÉLABRE

Motif décoratif vertical. Voir **Chandelier**.

CANNELURE

Moulure creuse, habituellement verticale, sur un support, colonne ou pilastre, dans un but décoratif. Les cannelures peuvent être décorées ou unies.

CANON

Règle qui dans l'Antiquité aurait servi de module pour créer des statues dont les membres auraient toujours eu les mêmes proportions.

CANTONNÉ

Un canton est un angle : on dit d'un pilier, d'une façade, qu'ils sont cantonnés d'une colonne, d'une tourelle, quand ils présentent une colonne, une tourelle sur l'angle. — Ne pas confondre avec *flanqué*, qui signifie garni sur le flanc.

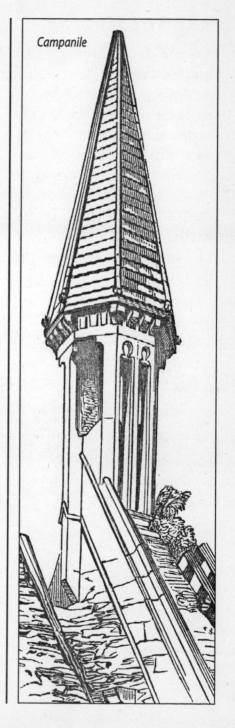

Campanile

CAPITULAIRE

Signifie du chapitre, affecté au chapitre. Or, l'assemblée des moines est un chapitre. Dans les monastères, la salle capitulaire, où se tiennent les assemblées de religieux, s'ouvre à proximité de l'église, sur la galerie orientale du cloître. L'entrée en est facilement reconnaissable : elle comprend une porte entre deux fenêtres.

CARIATIDE

Figure de femme debout, qu'on utilise au lieu et place de colonnes pour supporter des entablements ou tout autre membre d'architecture (pendant féminin des **atlantes** - voir ce mot).

CAROLE

Vieux mot, synonyme de **déambulatoire** (voir ce mot).

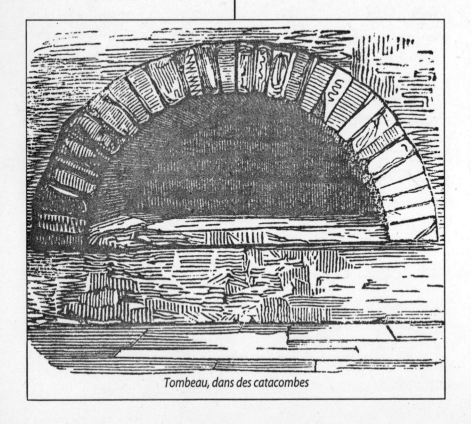

Tombeau, dans des catacombes

CARTOUCHE

À l'origine enroulement ellip-tique dans lequel étaient in-sérés les noms et prénoms des pharaons. Depuis orne-ment de figure variée for-mant cadre susceptible de recevoir une inscription, un motif, etc.

CASTEL

De *castrum*, désigne une pe-tite place forte, une citadelle. Il désigne aussi un réservoir d'eau, un réservoir d'aqueduc.

CASTRUM

Poste romain solidement bâti, et par suite fort, forte-resse ; mais pour cette der-nière acception, les Romains employaient de préférence le diminutif *castellum*.

CATACOMBES

Vieilles carrières de pierres utilisées par les premiers chrétiens comme lieux de ré-union et comme cimetières souterrains.

CATAPULTE

Machine de guerre qui ser-vait à lancer des dards et autres projectiles. De même que la *balliste*, la catapulte pouvait se placer sur un cha-riot traîné à bras d'homme ou par des bêtes de somme.

CATHEDRA

Siège comportant un dossier, mais sans bras. La cathedra, siège épiscopal a donné, par extension, le mot *cathédrale*.

CATHÉDRALE

Église épiscopale d'un diocè-se, siège de l'évêque. Au Moyen Âge, le centre reli-gieux de la cité, et toujours un édifice important. Par exten-sion, grand et beau bâtiment du culte chrétien. Ainsi cer-tains centres de pèlerinages ont-ils pu, au cours des siècles, garder l'appellation de cathédrales sans pour au-tant rester sièges épisco-paux.

Au Moyen Âge, la cathédrale est séparée en deux.

— La nef et les bas-côtés appartiennent au *chapitre*, où s'installent les fidèles, mais aussi où se tiennent les assemblées communales. Des comédiens y donnent même des *mystères* (spectacles d'inspiration religieuse).

— Le *sanctuaire*, fermé par une grille, est réservé au culte.

En général, le plan d'une église ou cathédrale occidentale rappelle, avec les deux bras du transept, la croix latine (dans l'Antiquité, le plan de nombreux monuments funé-

Chevet de la cathédrale de Chartres

raires est circulaire). Le plan hexagonal (6 étant le nombre de l'harmonie) correspond aux 6 jours de la création, et au sceau de Salomon. Le plan octogonal correspond aux 8 béatitudes.

Voir **Église**, **Basilique**.

CAVALIER

Terrassement formant sur le terre-plein du rempart une plate-forme destinée à augmenter le nombre et le commandement des batteries de la place.

CAVERNE

Le chasseur de rennes, l'homme de la pierre taillée, élevait souvent sa hutte en plein air, sur les plateaux, au bord des rivières.

Souvent aussi, principalement aux époques où le climat était rigoureux, il chercha un abri dans les cavernes. La superposition des couches de débris accumulés dans ces cavernes montre que certaines eurent d'autres habitants : l'homme en chassa les bêtes féroces et parfois il en fut chassé par elles. Il y eut des troglodytes, des habitants de cavernes, pendant très longtemps, jusqu'à l'âge du fer.

Voir **Grotte** et **Préhistoire**.

CAVET

Moulure concave dont le profil répond en creux à ce que le quart-de-rond est en relief. Le cavet peut n'avoir pas exactement 90° ; mais, à la différence de la **scotie** (voir ce mot), il est toujours tracé d'un seul coup de compas.

CELLA

Dans le temple antique, sanctuaire clos.

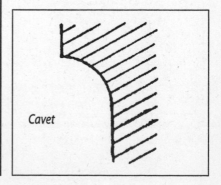

Cavet

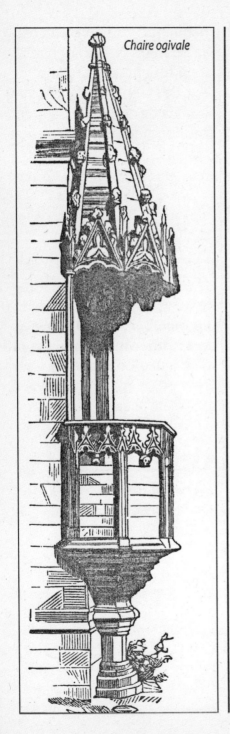

Chaire ogivale

CHAÎNAGE

"Ce mot s'applique aux longrines de bois, aux successions de crampons de fer posés comme les chaînons d'une chaîne, ou même aux barres de fer noyées dans l'épaisseur des murs, horizontalement, et destinées à empêcher les écartements, la dislocation des constructions de maçonnerie" (Viollet-le-Duc).

CHAÎNE

Membrure verticale qui fait sur le parement d'un mur sur saillie faible ou nulle et qui est composée d'un appareil plus résistant que les maçonneries voisines, de façon à les chaîner, à les maintenir.

CHAÎNETTE

Courbe qui reproduit en la retournant la forme que prend une chaîne suspendue à ses deux extrémités.

CHAIRE

Tribune surélevée (*ambon*) d'où le prêtre fait ses prêches. Par extension, siège honorifique.

CHALCIDIQUE

Tribune formée par un retour d'équerre du triforium sur le petit côté de la nef opposé à l'abside.

CHAMBRANLE

Bordure décorée formant l'encadrement d'une baie.

CHAMP DE MARS

Terrain sur lequel les soldats faisaient l'exercice.

CHANCEL

Clôture basse qui ferme l'emplacement de l'autel dans les églises préromanes. — Ne pas appeler de ce nom le sanctuaire.

CHANDELIER

Meuble pouvant servir à supporter une lumière. Il en existait de divers genres. On désigne aussi sous le même terme le pied élevé d'une lampe portative.

CHANFREIN

Voir **Biseau**.

CHANTIGNOLE

Pièce de bois fixée sur l'arbalétrier et qui empêche une panne de glisser.

CHANTOURNER

Couper en courbe une pièce de bois ou de métal suivant un profil donné, et, par extension, décrire des courbes dans du bois, du fer, etc..

CHAPE

Vêtement religieux qu'on nomme aussi *pluvial* : primitivement les prêtres le portaient dans les processions pour se préserver de la pluie.

CHAPELET

Architecture : suite de perles ou d'autres ornements analogues de forme ovoïde, tels que graines de laurier, olives… qui forment une baguette décorative.

Sorte de collier formé de grains et groupés par dizaines, que l'on fait glisser entre ses doigts en récitant des Notre Père (*Pater*) et des Je vous salue Marie (*Ave*).

CHAPELLE

Petite église, édifice indépendant n'ayant pas le rang de siège de paroisse.

Édifice construit au sein d'un bâtiment plus important, dans l'abside, le transept ou le chœur d'une église.

CHAPERON

Assise supérieure, à une ou deux pentes, de façon à préserver le mur des eaux pluviales.

CHAPITEAU

Partie supérieure et épanouissement d'une colonne, lequel épanouissement forme transition entre le fût et la charge. Cette partie élargie surmontant le fût de la co-

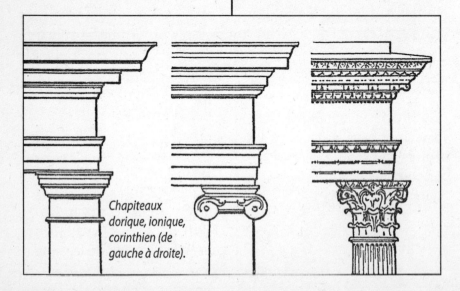

Chapiteaux dorique, ionique, corinthien (de gauche à droite).

Ionne est généralement la partie la plus sculptée.

Le chapiteau dorique romain a un abaque carré, surmonté d'un petit groupe de moulures, une échine tracée au compas et, plus bas, un astragale.

Le chapiteau ionique grec rappelle une draperie fléchissant un peu vers le milieu et enroulée aux deux extrémités ; dans le chapiteau ionique romain, les lignes sont droites entre les volutes, qui sont plus raides. Les classiques modernes ont fait, comme les Romains, des chapiteaux ioniques dont les volutes sont diagonales et qui ont les quatre faces semblables.

Le chapiteau corinthien est traité par les Romains avec une fantaisie et une richesse que l'art grec n'avait que rarement connues ; ils y introduisent d'autres feuillages que l'acanthe, des animaux, des têtes humaines, ou même de petits personnages.

Après l'époque romaine, les chapiteaux corinthiens restent les types préférés ; mais les tailleurs de pierre, trop maladroits pour copier ces modèles, sont réduits à les simplifier : maintes fois, les feuilles sont ramenées à des formes schématiques ou bien la sculpture en relief est remplacée par une gravure en creux.

La corbeille du chapiteau est un coussinet intermédiaire entre le fût, rond et plus étroit, et le **tailloir** (voir ce mot), carré et plus large ; elle est un épanouissement, dont la figure d'ensemble est un cube pénétré en bas par un tronc de cône renversé Le chapiteau cubique de la région rhénane est renflé. Le chapiteau godronné, fréquent en Normandie, a non pas un cône, mais un faisceau de cônes renversés.

Les chapiteaux romans nus, qui pouvaient d'ailleurs être destinés à recevoir une décoration peinte, sont moins nombreux que les chapiteaux sculptés.

Le chapiteau gothique suit dans leur évolution le sommier qu'il porte et le style général de la sculpture. Son tailloir est d'abord carré ou rectangulaire ; puis, on en abat les angles ; puis, on le fait franchement polygonal. Le chapiteau gothique n'est pas historié ; l'œil suit sur toute la hauteur le galbe de la corbeille, sur laquelle sont posés des crochets, plus tard des bouquets, enfin une bague de feuillages. Le chapiteau en vint à n'être plus qu'un ornement sans utilité, sans raison d'être ; vers la fin du gothique il disparut. L'architecte gothique, plus encore que l'architecte roman, comprend un pilier comme un faisceau de colonnettes juxtaposées ou engagées dans le noyau. Il est donc amené à couronner tout le pilier d'une zone continue de sculptures, d'un chapiteau commun aux diverses colonnes.

CHARNIER

Petit bâtiment annexé à un cimetière dans lequel on plaçait les ossements que trouvaient les fossoyeurs en creusant de nouvelles sépultures. (Voir **Ossuaire**).

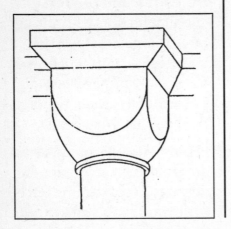

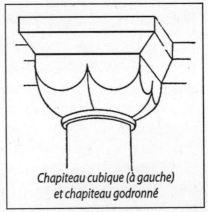

*Chapiteau cubique (à gauche)
et chapiteau godronné*

CHASUBLE

Vêtement du prêtre. À l'origine, vêtement ample : c'était un carré d'étoffe qui ne comportait qu'une ouverture au centre, analogue au poncho mexicain. Comme il enveloppait le corps qu'il renfermait dans une petite maison (*casula*), on le nomma *chasuble*.

CHÂTEAU FORT

De *castrum*, camp : construction féodale fortifiée, qui servait aussi de demeure à son seigneur et à son entourage.

Le château fort de Coucy, restauré au XIXᵉ siècle par Viollet-le-Duc fut détruit en 1917 par les Allemands.

CHEMINÉE

L'appareil de chauffage le plus primitif consistait en un trou pratiqué dans le toit au-dessus du foyer pour évacuer la fumée. De cette cheminée archaïque il est longtemps resté quelque chose dans les grandes cuisines monas-tiques ou seigneuriales ; ces cuisines étaient des salles autour desquelles des cheminées étaient réparties ; au centre, la voûte et le toit pyramidal étaient surmontés d'une cheminée par où s'échappaient et l'air vicié et les odeurs et le surplus de la fumée.

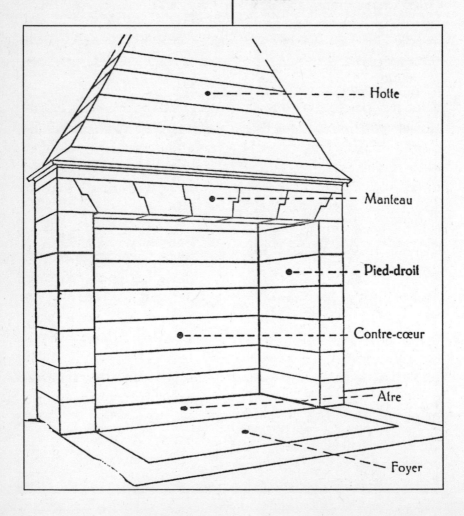

- - - - - Hotte

- - - - Manteau

- - - - Pied-droit

- - - - Contre-cœur

- - - Âtre

- - - Foyer

Les foyers portatifs, pareils aux *braseros*, étaient connus des Romains, de même peut être que les cheminées, lesquelles finirent par l'emporter durant le Moyen Âge.

Romanes et gothiques, les cheminées sont ordinairement vastes : la famille prenait place sous le manteau, formé d'un linteau ou d'un arc et porté sur deux jambages ou deux consoles.

Les cheminées romanes, dont il subsiste un nombre très restreint, pouvaient être de plan courbe, tant l'intérieur que la partie saillante ; dans ce cas, la hotte, la partie supérieure, a la forme d'un demi-entonnoir renversé. Ces cheminées romanes ont une ornementation simple.

Au XIIIe siècle, le plan habituel est rectangulaire ; le manteau peut être mouluré. Les XIVe et XVe siècles font, de plus en plus, les hottes verticales et décorent la cheminée de blasons, de frises, etc..

Le XVe siècle garantit le contrecœur à l'aide d'une plaque de fonte ou *taque*, qui porte des motifs en relief. Au XVIe siècle, c'est le style qui change : certaines cheminées de la Renaissance sont des compositions admirables.

Puis les cheminées perdent leur aspect monumental ; on cherche moins la beauté de la ligne que la richesse de la matière. Les cheminées, qui se faisaient en pierre et quelquefois en plâtre, sont de plus en plus en marbre.

Les architectes romans et gothiques, bien loin de dissimuler le tuyau de la cheminée et la mitre qui le termine, en ont franchement tiré parti pour décorer l'édifice.

Le XVIe siècle a exagéré l'importance de cet accessoire et bâti des cheminées encombrantes, qui trop souvent ne sont pas à l'échelle et forment un petit monument au-dessus du grand. Le XVIIe siècle, lui, a supprimé les cheminées dans l'ordonnance architecturale.

CHEMISE

Mur ou revêtement destiné à renforcer un rempart, construction qui en enveloppe une autre : maçonnerie qui double un pilier, muraille qui entoure un donjon.

CHÉNEAU

Canal au bas d'un toit, dont il recueille les eaux pluviales, rejetées ensuite par des gargouilles ou des tuyaux.

CHEVET

Terme qui désigne la tête, la partie orientale de l'église, sans qu'on puisse déterminer l'étendue de cette partie.

Ce terme, de *caput* (tête), désigne l'extrémité d'une église, parce que, dans les édifices en forme de croix latine, le chevet correspond à la partie de la croix sur laquelle le Christ crucifié posa sa tête.

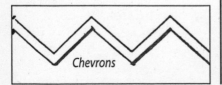

Chevrons

CHEVRON

Ce nom a deux acceptions : d'abord, il désigne les pièces légères de charpente inclinées et qui portent les lattes ou les voliges de la toiture ; ensuite, il désigne un ornement en forme de V (*Bâtons brisés*).

CHIMÈRE

Monstre fabuleux à tête de lion, à corps de chèvre et à queue de dragon.

CHŒUR

Partie de la nef située devant le maître autel d'une église, où se tiennent les clercs et les chantres pour le chant de l'office. Le chœur est ordinairement entre l'abside et le transept. — Ne pas comprendre dans le chœur l'extrémité orientale du vaisseau, abside ou chevet plat.

CHRISME

On appelle Chrisme le monogramme du nom du Christ. Ce monogramme, d'abord formé de lettres grecques, comprend un χ et un ρ : il apparaît en Gaule vers 350. Une variante usitée dans nos pays environ cinquante ans plus tard consiste à remplacer le χ par une croix; le ρ lui-même se changea en un **r** latin. On entoura le Chrisme d'une couronne et on l'accompagna de la première et de la dernière lettre de l'alphabet, en réminiscence de cette parole : "Je suis le commencement et la fin." Le Moyen Âge et les temps modernes ont compliqué le Chrisme : ils y ont fait entrer toutes les lettres du nom, tantôt en latin et tantôt en grec, tantôt avec un *S* et tantôt avec un *C* ayant la valeur de l'*S* (sigma lunaire) et quelquefois le mot *PAX*, qui est la devise bénédictine.

CHRIST

Dans l'art chrétien, ses représentations les plus fréquentes sont : la nativité, la fuite en Égypte, la crucifixion, le Christ enseignant, tenant un livre de la main gauche, le Christ triomphant, retenant de ses pieds un aspic ou un

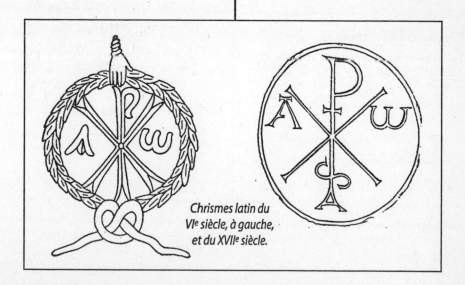

Chrismes latin du VIe siècle, à gauche, et du XVIIe siècle.

dragon, le Christ en majesté, assis ou debout mais entier, dans une mandorle, le Christ en gloire, identique au Christ en majesté mais seulement représenté en buste, le Christ juge assis tenant un sceptre et un globe dans ses mains, et le Christ de la Passion couronné par des épines.

CHUTE

Ornement qui consiste en un bout de guirlande pendant.

CIBOIRE

Calice (voir ce mot) avec un couvercle.

CIBORIUM

Édicule qui abritait le maître-autel dans les églises anciennes.

CIMAISE

Moulure utilisée pour la décoration, notamment des corniches, des bandeaux…

CIMETIÈRE

Ce terme, dérivé du grec *koimêtêrion* (dortoir) signifie champ du repos, champ d'asile, dernière demeure de l'homme.

CINÉRAIRE

Niche dans un tombeau, dans une tombe, assez grande pour recevoir une urne de grande dimension, ou un sarcophage.

CINTRE

Appareil provisoire de bois, sur lequel les maçons rangent les **claveaux**, c'est-à-dire des pierres taillées en coin pour construire un arc. Lorsque l'arc est terminé, on enlève le cintre. Désigne aussi la courbure de l'arc et de la voûte. — Ne pas dire cintre pour plein-cintre (arc).

CIPPE

Petit monument ayant la forme d'une colonne ou d'un pilier bas, ayant servi, à l'origine, de borne-frontière entre des domaines. Désignait un pilier cylindrique ou rectangulaire, simple, uni ou décoré, qu'on élevait comme pierre tumulaire sur la fosse dans laquelle un individu était enseveli. Souvent le cippe renfermait une excavation dans laquelle on pouvait placer dans une urne les cendres d'un mort.

CIRQUE

Édifice de forme allongée destiné aux courses. — Ne pas confondre avec **amphithéâtre** (voir ce mot). L'arène avait la forme d'un vaste rectangle arrondi à une de ses extrémités ; vers le milieu, un mur s'étendait dans le sens de la longueur et portait une file d'obélisques : c'était la *spina*, que les attelages contournaient ; tout autour se trouvaient des gradins ; en face de la partie circulaire se trouvait une partie rectangulaire qui renfermait les cachots ; au centre du cirque se trouvait un stylobate portant des bornes, des statues…

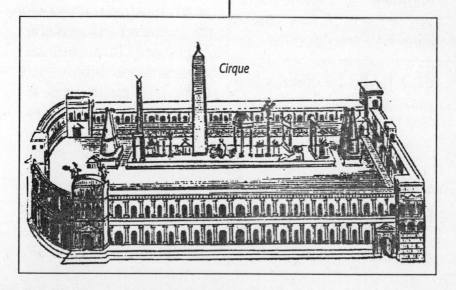

Cirque

CISTERCIEN (STYLE)

Cistercien : moine de l'ordre de Cîteaux, suivant la Règle de saint Benoît, édictée au VIe siècle, prônant pauvreté et dépouillement.

Au XIe siècle, la fondation de l'abbaye de Cîteaux donne naissance au style cistercien, caractérisé par la simplification des lignes architecturales et l'absence de sculptures, afin que les moines puissent se concentrer sur la prière.

CITERNE

Réservoir artificiel creusé dans le sol et couvert d'une voûte ou d'un toit. On y conservait l'eau de pluie. Les Romains possédaient aussi des citernes très profondes construites plein nord et abritées des rayons solaires pour avoir de l'eau fraîche.

CLAIRE-VOIE

Suite de larges fenêtres qui forment l'étage supérieur d'une nef.

CLASSIQUE (STYLE)

Au XVIIe siècle, un frère coadjuteur Jésuite, Étienne Martel-Ange (1568-1641), admirateur de Vignole (architecte italien du XVIe siècle qui réhabilita le style antique), répandit en France l'architecture italienne : les églises de France, qui avaient assez bien résisté jusque-là, furent livrées au style Jésuite, lequel alourdit les intérieurs et les façades. Quant à l'architecture officielle des palais, soumise à un académique également venu d'Italie, elle subit une autre évolution que l'architecture privée : on élimina les joliesses de la sculpture décorative, pour s'en tenir aux charmes austères de l'architecture classique : colonnes, frontons... Les hautes toitures aiguës, de silhouette trop gothique, furent remplacées, dans les palais du XVIIe siècle, par les toitures mansardées, qui rendaient les combles habitables. Pendant la seconde moitié du XVIIIe siècle, quand l'archéologie eut permis aux artistes de prendre plus directement contact avec l'antiquité grecque, une autre ordonnance apparut : le Panthéon (1755), la Madeleine (1764), composèrent leurs façades d'une colonnade partant du perron et supportant un large fronton. Au XIXe siècle, le style gothique, ressuscité par le romantisme, a surtout servi aux restaurations archéologiques.

On fait depuis grand usage du béton armé, sorte de pierre artificielle, dans laquelle est noyée une légère armature métallique ; on fait en béton armé des architraves très longues. L'inconvénient est que le béton armé est pauvre d'aspect ; il faut le cacher derrière des enduits.

CLAVEAU

Les claveaux sont les pierres taillées en forme de coin dont l'ensemble constitue l'arc ou la plate-bande.

Le claveau qui est à la naissance de l'arc est dit *sommier* ; le claveau supérieur, qui ferme l'arc, est la *clef*.

On appelle *têtes* les deux plans verticaux de l'arc.

L'*intrados* est le plan concave à l'intérieur de l'arc.

L'*extrados* répond à la convexité extérieure. En général, l'extrados est concentrique à l'intrados ; lorsque l'extrados dessine alternativement des joints verticaux et des joints horizontaux, on dit qu'il est en escalier.

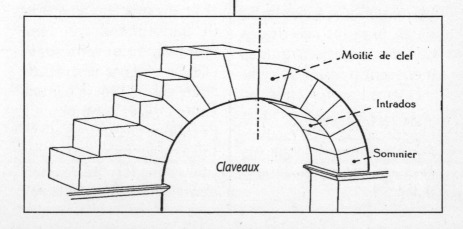

Moitié de clef

Intrados

Sommier

Claveaux

CLEF

On appelle clef le claveau ou le voussoir que l'on pose en dernier lieu et qui ferme, qui clave l'arc ou la voûte. La clef pendante est celle qui pend au-dessous de l'intrados d'un arc ou d'une voûte.

CLEF DE VOÛTE

Pierre ronde ou étoilée, souvent décorée, placée au sommet d'une voûte, bloquant et stabilisant les autres pierres des arcs. C'est la pierre qui couronne l'édifice et lui donne sa cohésion. Par analogie, c'est aussi un chapiteau qui "finit" une colonne.

CLOCHE

Utilisée pour appeler les fidèles, pour les avertir des dangers éventuels qui les menacent (tocsin) ou rythmer leurs travaux (Angélus). Le son de la cloche, selon les religions, éloigne les mauvais esprits. L'airain dont elle est faite symbolise la durée et la force.

CLOCHER

Construction élevée destinée à loger des cloches.

Il y eut dès l'époque mérovingienne des clochers sur les églises de France et d'autres tours qui ne renfermaient pas de cloche. Plus tard, le clocher devient de règle, et souvent il eut un rôle défensif.

La place et le nombre des clochers sont très variables : ce sont quelquefois, particulièrement dans le Sud-Ouest, des tours isolées : ordinairement, ils tiennent à l'église, soit en avant de la façade, en sorte que le rez-de-chaussée forme porche, soit au-dessus de la croisée du transept, soit sur les flancs du chœur, etc.

Les tours montées au-dessus du transept sont fréquemment des tours-lanternes : elles ne sont pas séparées de l'intérieur de l'église par une voûte et elles contribuent à l'éclairer. Les baies de ces tours ne sont pas de simples ouïes sans fermeture, mais de vraies fenêtres à feuillures.

Quelques clochers sont ronds. Cette forme est déjà rare à l'époque romane. Les clochers, surtout les clochers placés au centre de l'église, sont plutôt octogones. La forme habituelle est carrée, au moins pour les étages inférieurs ; car il est arrivé souvent que sur une souche carrée on a posé un ou deux étages à huit côtés. Les clochers pyramident en général ; ils se rétrécissent d'étage en étage par des ressauts.

Des clochers sont surmontés d'une terrasse, qu'entoure un parapet crénelé. D'autres sont coiffés, dès le XIe siècle, d'une flèche basse à quatre pans, soit en charpente, soit en pierre. Au XIIe siècle, les flèches peuvent être très élancées ; elles perdent ensuite de leur importance relativement à la hauteur totale du clocher. Elles sont souvent octogonales. Des lucarnes placées sur le milieu des faces de la flèche complètent l'ordonnance.

Les clochers gothiques ne

Clocher roman

tardèrent pas à perdre cet aspect de vigueur et cette fermeté de lignes : on perça la flèche d'ajours, peut-être pour en réduire le poids ; on disposa des crochets sur les arêtes et de petits arcs-boutants au pied de la flèche.

La Renaissance et l'époque moderne préfèrent aux flèches les dômes.

Quelques provinces ont des types particuliers de clochers : la Bretagne possède des clochers gothiques dont

Clocheton Renaissance

la tour, carrée jusqu'à la naissance de la flèche, porte des balcons. En Saintonge, des flèches coniques renflées sont construites sur des étages ronds ou polygonaux ou carrés. Les clochers languedonciens en briques sont octogonaux, avec des fenêtres en mitre.

CLOCHETON

Amortissement qui a la forme d'un petit clocher, souvent petite tourelle surmontée de pyramides.

CLOÎTRE

Sorte de cour carrée ou rectangulaire entourée de portiques. Le cloître est une des parties essentielles d'une abbaye ; il était ordinairement adossé à l'église, avec laquelle il avait un accès facile.
Les murs des cloîtres étaient souvent décorés de magnifiques peintures à fresque ; l'intérieur était aussi parfois planté d'arbres ; ils avaient dans leur centre une fontaine

avec un bassin qui servait aux ablutions des moines, quand ceux-ci se rendaient au réfectoire. À l'exception des Chartreux, qui vivent iso- lés dans des cellules dispo- sées autour du cloître, les an- ciens ordres religieux ont adopté le modèle du monas- tère bénédictin. Or, la règle

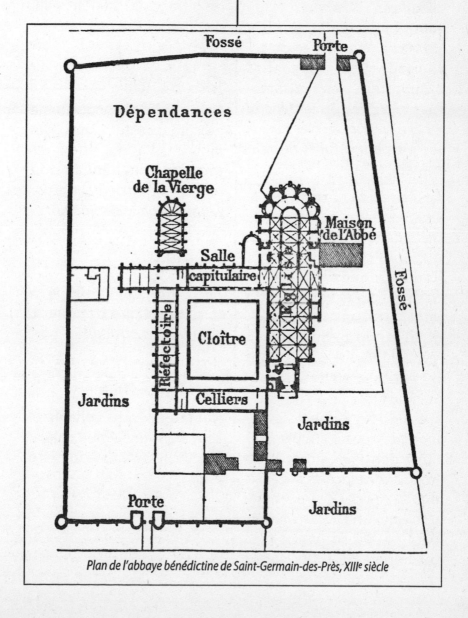

Plan de l'abbaye bénédictine de Saint-Germain-des-Prés, XIIIe siècle

de saint Benoît remonte aux débuts du VIe siècle, et lorsque le type de l'abbaye bénédictine s'est formé, le monde romain était couvert d'édifices : l'**atrium** (voir ce mot), cette cour rapprochée de la rue et entourée de colonnades sous lesquelles s'ouvraient les appartements, se retrouve dans le cloître, qui dessert les locaux les plus importants du monastère.

Le plan du cloître est un quadrilatère souvent irrégulier. Ses quatre galeries peuvent être sous charpente ou sous voûte. Quand le cloître roman est sous voûte, cette voûte est d'ordinaire un berceau ou un demi-berceau tombant vers le préau. Dans l'un et l'autre cas, la claire-voie doit résister à une poussée : on a donc doublé les colonnettes, que l'on a plantées l'une derrière l'autre, et on les a, de distance en distance, renforcées par des piles, qui peuvent être elles-mêmes garnies de contreforts plus ou moins saillants sur le préau. Dans quelques cloîtres, les baies étaient vitrées ; on s'en rend compte aux feuillures ménagées pour recevoir les panneaux de vitrages. On faisait enfin des cloîtres à deux étages.

CLOU

Ornement de l'époque romane composé de petites pyramides basses qui le font ressembler à une tête de clou ; on nomme également cet ornement *pointe de diamant*.

COIFFE

Au XVIe et au XVIIe siècle, ce terme servait à désigner la voûte d'une abside.

COLLATÉRAL

Nef latérale. Les collatéraux sont, dans une église de plan basilical, les vaisseaux latéraux.

COLLÉGIALE

Église desservie par un collège de chanoines réguliers ou séculiers et dans laquelle il n'y a pas de siège épiscopal. Rien qu'en France, on comptait plus de 520 collégiales avant la Révolution française. Voir **Église**.

COLOMBAGE

Charpente en pan de mur, rempli d'une maçonnerie légère (*hourdis*).

COLONNE

Support rond muni d'un chapiteau. La colonne peut être adossée, c'est-à-dire dressée contre un mur sans y adhérer, ou engagée, c'est-à-dire faire corps avec le mur, dont elle se dégage de partie seulement de son diamètre. — Ne pas confondre la colonne avec le pilier, qui est, soit d'une forme différente, soit démuni de chapiteau. Ce membre d'architecture employé comme support, qui a été utilisé presque partout a une forme et une décoration variables. La colonne du temple unit le haut et le bas généralement sous trois styles : *dorien, ionien, corinthien*.

COLONNETTE

Petite colonne.

COMBLE

Le comble est proprement le faîte ; on appelle comble la partie de l'édifice qui répond à la hauteur du toit.

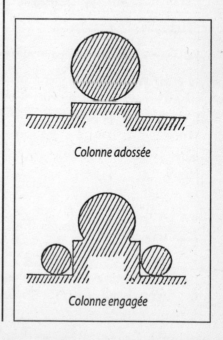

Colonne adossée

Colonne engagée

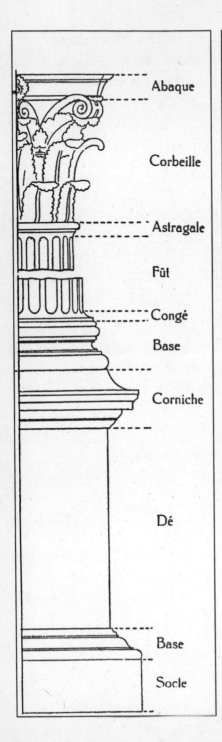

Abaque

Corbeille

Astragale

Fût

Congé

Base

Corniche

Dé

Base

Socle

COMMANDERIE

Subdivision de divers ordres de chevalerie militaire. En France, il y eut jusqu'à 220 commanderies de l'Ordre de Malte (qui avait hérité des Ordre des Templiers et Ordre des Hospitaliers de Jérusalem).

COMPAS

Outil servant à tracer des cercles, et à reporter des mesures ; symbole de l'exactitude, il représente les constructeurs des cathédrales. Dans l'art roman, le porteur du compas est un expert et un sage.

COMPOSITE

L'ordre composite est une combinaison de l'ionique et du corinthien.

CONFESSION

Crypte de petites dimensions, enterrée de partie de sa hauteur et qui supporte l'autel.

CONGÉ

Ornement qui sert de transition à la naissance d'une moulure. On donne plus spécialement ce nom à la moulure qui, dans la colonne classique, est profilée aux deux extrémités du fût, sur la base et sous l'astragale.

CONSÉCRATION

Cérémonie par laquelle un édifice est autorisé à recevoir des fidèles pour la célébration du culte chrétien.

CONSOLE

La console-corbeau est tantôt très saillante et un peu haute, par exemple sous des balcons, et tantôt haute et peu saillante. Il arrive que des consoles ne portent rien ou à peu près ; certaines ressortent sur la clef des arcs pour la décorer.

La console-contrefort tient une place importante dans les façades de style Jésuite : deux consoles de ce genre flanquant symétriquement une ordonnance centrale prennent le nom d'*ailerons*.

L'antiquité nous a laissé de très belles consoles ; le Moyen Âge a préféré des corbeaux de forme différente.

Le XVIᵉ siècle les a creusées de canaux, comme des triglyphes, ou relevées de torsades, ou composées de dauphins. La console Louis XIV, plus solennelle, reste dans les plans verticaux de ses faces latérales.

La console Louis XVI, sobre, droite, avec des cannelures, des cordons, etc., est trop rectiligne parfois pour mériter le nom de console.

Voir **Corbeau**.

CONTRE-CŒUR

Fond de la cheminée, partie verticale entre les jambages (voir **Cheminée**).

CONTRESCARPE

Voir **Escarpe**.

Contreforts

CONTREFICHE

En charpenterie, pièce oblique qui sert d'étai à une autre. Signifie dans certains textes un étai quelconque.

CONTREFORT

Renfort de maçonnerie élevé sur la face extérieure d'un mur, en vue de l'assurer contre les effets d'une charge ou d'une poussée. — Ne pas appeler contreforts de simples colonnes engagées, des pilastres plats, qui ne renforcent pas sensiblement le mur. Les architectures romanes et ogivales ont fait un large emploi des contreforts pour soutenir les murs des nefs qui avaient à supporter des hautes voûtes.

CONTRESCARPE

Paroi extérieure d'un fossé de fortification.

CONTREVENT

Ce terme a deux acceptions bien distinctes : il désigne un volet placé à l'extérieur ; il désigne aussi une pièce de charpente disposée obliquement dans le plan vertical du faîte, entre le pied du poinçon et le faîte.

COQUE

Enveloppe des *oves*, c'est-à-dire de l'ornement ayant la forme d'un œuf.

CORBEAU

Pièce sur lit horizontal, formant une saillie destinée à porter une charge. Le corbeau proprement dit a deux faces perpendiculaires au parement du mur ; la console est un corbeau qui présente, de profil, la forme d'une S ; le modillon est un corbeau de petites dimensions : le cul-de-lampe a la forme d'un cône ou d'une pyramide renversés.

Modillon et cul-de-lampe peuvent être pris dans une pierre d'assise, au lieu que le corbeau est lui-même une pierre.

Le corbeau du Moyen Âge a généralement la face antérieure entaillée d'un cavet. La décoration est très variable : historiée et souvent licencieuse, à feuillage, géométrique, etc. On trouve, notamment en Auvergne, des corbeaux à copeaux, ainsi nommés parce qu'ils présentent les enroulements qui ressemblent aux copeaux soulevés par l'outil du charpentier. Au départ des nervures, l'artiste gothique a placé assez souvent un cul-de-lampe : figure géométrique, feuillages, ou enfin tête caricaturale.

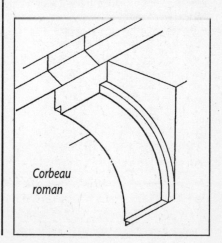

Corbeau roman

CORBEILLE

C'est le corps du chapiteau, abstraction faite des ornements, la partie comprise entre l'astragale et le tailloir et qui forme l'évasement du chapiteau (voir dessin p. 74).

CORBELET

Petit **corbeau** (voir ce mot).

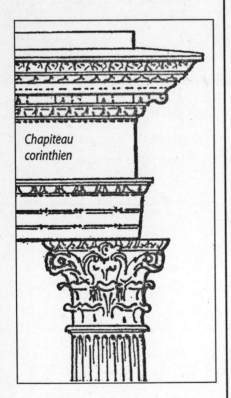

Chapiteau corinthien

CORDON

Groupe de moulures, ou moulure, spécialement gros tore qui courent horizontalement sur un mur.

CORINTHIEN

Ordre de l'architecture grecque, comportant des chapiteaux ornés de feuilles d'**acanthe** (voir ce mot).

CORNE

Synonyme d'angle saillant.

CORNE DE VACHE

Évasement à la tête des arches de certains ponts.

CORNICHE

Saillie, et élément décoratif, qui forme le couronnement d'une construction et qui correspond au niveau inférieur du comble.

La corniche du Moyen Âge a évolué. La corniche romane est essentiellement une tablette saillante recouverte par l'égout du toit ; son rôle est de reporter cet égout le plus possible en avant du mur. On y parvient en faisant reposer la corniche sur des corbeaux, sur des colonnes engagées, sur des arcs aveugles.

Dans certaines contrées, dans les bassins du Rhône et du Rhin notamment, ces arcs eux-mêmes s'appuient sur des contreforts plats, sur de longs pilastres nus, que l'on appelle *plates-bandes lombardes*. La décoration s'attache surtout, dans les corniches romanes, aux corbeaux et aux chapiteaux des colonnes engagées, moins à la tranche de la tablette.

La corniche gothique n'est pas recouverte par l'avancée du toit ; celui-ci s'arrête en arrière de la corniche : les eaux, recueillies dans un chéneau qui est creusé dans la face supérieure de la corniche, sont évacuées par des gargouilles. S'il y a des arcs-boutants, les eaux sont conduites, par une rigole ménagée dans le chaperon des arcs-boutants, jusqu'aux piles extérieures, elles les traversent et atteignent les gargouilles, qui les rejettent loin des parements.

CORNIÈRE

Pièce de fer dont la section décrit un angle droit.

Corniche romane

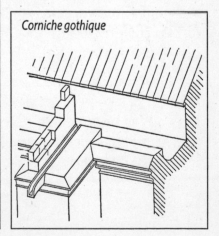

Corniche gothique

COSTUME MÉDIÉVAL

L'artiste du Moyen Âge représentait les personnages sans aucun souci de la vérité archéologique et dans le costume de son temps, à l'exception de tailleurs d'images gothiques qui nous ont laissé quelques soldats romains équipés à la romaine. Si un sculpteur contemporain de saint Louis a figuré saint Denis escorté par des soldats, le saint est en évêque du XIIIe siècle et les soldats sont en chevaliers de la même époque. Ainsi le costume fournit-il des indications sur l'âge des œuvres d'art.

Toutefois, certains personnages Jésus-Christ, la Sainte Vierge, les souverains, etc., ont un costume traditionnel, qui ne suit pas la mode.

Les hommes de loi ne s'habillaient pas comme les paysans ou les hommes de peine. Les modes locales apportent aussi un contingent de variantes. Enfin, l'imagier a parfois reproduit des sculptures ou des miniatures anciennes. Il faut donc user d'une grande réserve dans l'interprétation chronologique des costumes. Voici néanmoins quelques brefs renseignements sur l'évolution du costume à travers le Moyen Âge, depuis le XIe jusqu'au XVIe siècle.

Les coiffures ont varié ; les plus originales sont le *béguin*, bonnet attaché sous le menton, — les hommes le portaient au XIIe siècle, — et le *chaperon*, qui était à double fin : tantôt on le mettait à la façon d'un passe-montagne, une fente encadrant le visage et le bas du chaperon formant pèlerine : tantôt on engageait le haut de la tête dans la fente et on enroulait le chaperon un peu comme un turban.

À l'inverse du costume masculin, le costume féminin a toujours été long ; c'est l'ampleur qui change et la forme. Au XIIe siècle le buste est moulé dans un vêtement à manches très évasées : la jupe est à plis tombants ; les

XIIIe siècle   XIVe siècle   XVe siècle

cheveux sont tressés en deux nattes. Dès le règne de saint Louis, la tunique de dessus, le surcot est assez vague et dessine mal les formes ; les cheveux sont amassés en chignon derrière la tête, sur laquelle est posé un mortier plissé, retenu par une bande qui passe sous le menton.

Cependant le surcot se fendit sur les côtés ; au XIVe siècle, l'échancrure s'élargit, en sorte que par-devant il resta seulement sur la poitrine une bande d'étoffe : on y suppléa par une palatine de fourrure. Vers 1400, la robe était largement décolletée en pointe, devant et derrière, la taille

XIe siècle   XIIe siècle   XIVe siècle   XVe siècle

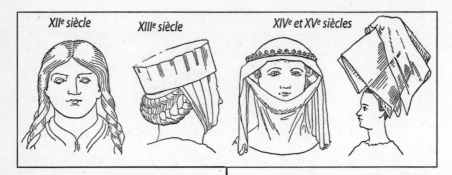

XIIe siècle   *XIIIe siècle*   *XIVe et XVe siècles*

haut placée ; la tête était coiffée du hennin. Le XVIe siècle adopta les bouffants, les crevés, les corsages engainant le buste, etc.

Le costume liturgique évolua peu. Ce qui distingue le clerc ; c'est la tonsure, analogue à celle que portent encore certains ordres et qui ne laisse subsister qu'une couronne de cheveux.

L'*amict* est un linge que l'on plaçait sur ses épaules avant de revêtir l'aube et pour cacher l'encolure de la soutane : l'amict était, au Moyen Âge, garni d'un col brodé. L'*aube*, vêtement de toile, pouvait avoir au bas et par-devant un parement décoré. L'*étole*, que les prêtres portaient verticale et les diacres en sautoir, s'empatta

XIIe siècle   *XIVe siècle*   *XVe siècle*

des bouts vers le XIIe siècle. Le *manipule* était d'abord un linge que le célébrant tenait entre le pouce et l'index et qui passa sur l'avant-bras. La *chasuble* (de *casula*, petite maison) était à l'origine une pièce d'étoffe circulaire, percée d'un trou par où passait la tête ; les pans, lourdement drapés, retombaient devant, derrière et sur les bras ; on les rogna, notamment au XVe siècle, et on en vint, vers le XVIe siècle, à faire des chasubles étriquées et raides.

Le diacre porte l'aube et la dalmatique : le prêtre, l'aube et la chasuble ; l'évêque, l'aube, la dalmatique et la chasuble. Depuis la fin du XIIe siècle, il est toujours coiffé de la mitre. La mitre est d'abord un bonnet rond ; au XIIe siècle, ce bonnet pousse des pointes soit sur les côtés, soit devant et derrière. Cette dernière forme prévalut ; puis, la mitre se fit plus haute et plus cambrée. Les premières crosses sont terminées en tau ; au XIIe siècle, la volute remplace le tau et elle se complique de plus en plus.

Les archevêques et quelques évêques avaient par-dessus

Diacre XIIIe siècle   Évêque XIIe siècle   Évêques XIVe siècle   Archevêque XIIe siècle

la chasuble le pallium, bande de laine blanche décorée de croix : le pallium forme un large collier sur les épaules, avec un bout pendant devant et un derrière.

Un fait domine l'histoire du costume militaire : la substitution progressive de l'armure plate et rigide à l'armure de mailles.

Pendant les XIe-XIIe siècles, le corps de l'homme de guerre est protégé par la *brogne* ou par le *haubert*. La brogne, très usitée sous les Carolingiens, était un vêtement de peau ou de grosse toile sur lequel étaient appliquées des écailles métalliques ; le haubert était une armure de mailles, à peu près semblable de forme à une longue chemise munie d'un capuchon.

On fixait sur ce capuchon de mailles le *heaume* ou casque, plus plat au XIe siècle, plus conique au XIIe et renforcé d'une armature, qui projetait sur le nez une lame : c'est le heaume à nasal, qui est figuré sur la tapisserie de Bayeux.

Au commencement du XIIIe siècle, le haubert a de longues manches terminées par un gant sans doigts, une moufle, que l'on pouvait laisser prendre, grâce à une fente par où la main se dégageait. L'armure de mailles était souvent couverte par une *cotte d'armes*, sorte de blouse ample et légère, fendue aux jambes.

Le heaume se prolongea par-derrière en couvre-nuque, par-devant en visière ; il finit, sous le règne de saint Louis, par emboîter complètement la tête. Vers 1330, le haubert se raccourcit en bas : il perdit, en haut, le capuchon, dont il subsista une collerette de mailles ; le heaume s'attachait à cette collerette. La cotte fut remplacée par une façon de gilet rembourré.

Cependant, les jambes, les coudes, les épaules étaient comme la tête, garantis par des pièces de fer plein. Peu à peu les diverses parties du corps s'enfermèrent dans une enveloppe de métal :

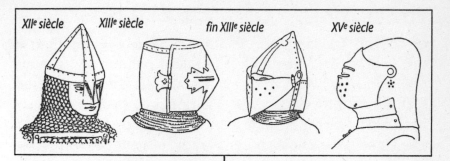

c'est l'armure plate, qui était en usage à la fin de la guerre de Cent ans. Le heaume, trop pesant, s'était allégé vers la fin du XIIIᵉ siècle ; au XVᵉ, on portait l'*armet*, petit heaume, formé de quatre pièces : la calotte qui abritait le crâne et la nuque ; la visière, qui pivotait à la hauteur des yeux ; la bavière, qui était devant le menton ; enfin, en bas, le gorgerin articulé, qui prit le rôle de la collerette de mailles.

L'*écu* ou bouclier, très haut et pointu par le bas, au XIIᵉ siècle, fut plus petit au XIIIᵉ et plus encore au XIVᵉ.

COUCHIS

Le couchis est une pièce de bois couchée : madrier sur lequel appuie le pied d'un étai, planche ou latte clouées au-dessus d'un cintre et sur lesquelles on pose les voussoirs.

COUDÉE

Mesure de longueur. En Égypte, il y avait deux coudées : la coudée naturelle ou *petite coudé*e valait 450 mm (6 palmes ou 24 doigts) ; la *coudée royale*, 525 mm : cette dernière comprenait 28 doigts comportant 7 palmes. La coudée grecque valait 463 mm ; la coudée romaine, 444 mm. Au Moyen Âge, la coudée variait de 550 à 650 mm.

COULEURS

Au moyen âge, les églises étaient peintes de fresques, décorées de mosaïques, d'icônes et de tapisseries. Les couleurs (y compris sur les vitraux) avaient des correspondances symboliques :
— *Blanc* : pureté, sagesse.
— *Or* : couleur de la divinité.
— *Rouge* : amour, royauté.
— *Vert* : régénération.
— *Bleu* : espérance et miséricorde.

COUPOLE

Voûte qui, vue par-dessous, est une concavité courbe ou à pans coupés.

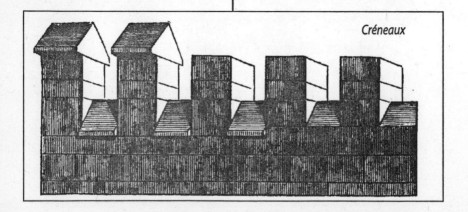

Créneaux

COURONNE

Corniche ou bandeau saillant décorant un mur, une partie d'un entablement.

COURTINE

Dans une fortification, muraille entre les tours ou entre les bastions.

COUVERTURE

Revêtement de chaume, de tuiles, d'ardoises, de plomb, de dalles, etc., d'un édifice. — Le toit comprend, en outre de la couverture, les pièces de charpente qui la portent.

CRÉDENCE

Petite table ou niche près de l'autel, du côté de l'Épître, où on place les burettes.

CRÉNEAU

Échancrure rectangulaire au sommet d'une muraille fortifiée. — Ne pas confondre le créneau, qui est le vide, avec le **merlon**, qui est le plein. Cette découpure pratiquée au sommet des murs d'une fortification servait à surveiller et lancer des traits : d'ailleurs, on nomme aussi *archière* le vide entre les parties pleines *(merlons)*.

CROCHET

Se dit de feuillages gothiques dont la tête se recourbe en une masse de pierre. Les crochets sont aussi appelés **crosses** (voir ce mot).

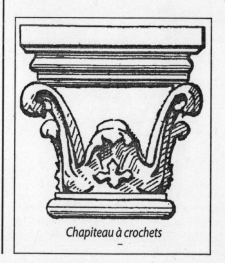

Chapiteau à crochets

CROISÉE

Ce mot exprime l'idée de croix, de croisement : la croisée du transept ; la croisée d'ogives est formée d'ogives qui se coupent ; une croisée est, dans une fenêtre, le remplage en bois ou en pierre fait de montants et de traverses ; c'est, par extension, la fenêtre garnie de ce remplage en croix.

CROISILLON

C'est la traverse d'une croix ; ainsi la croix de Lorraine est à deux croisillons. — On a donc tort de parler de croi-

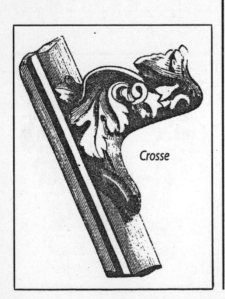

Crosse

sillon nord, croisillon sud du transept ; il faut dire : bras nord, bras sud.

Dans l'architecture ogivale, les croisillons qui se coupent à angle droit dans les fenêtres rectangulaires forment une véritable croix ; quand les meneaux au contraire se contournent en tous sens comme dans l'ogival tertiaire, on les nomme *flammes*.

CROIX

Figure géométrique, qui, à cause de la crucifixion du Christ, devint le symbole de la religion chrétienne. Il existe de nombreux types de croix ; la croix ordinaire, la croix en tau, ainsi nommée à cause de sa ressemblance avec la lettre grecque, la croix en X (dite de saint André).

Les édifices médiévaux sont construits selon le plan de la croix, nef croisant le transept. La tête est constituée par le chœur "orienté" vers l'est.

CROMLECH

Ce terme celtique, dérivé de *cromm* (courbe) et *lec'h* (lieu), désigne des enceintes formées par des **menhirs** (voir ce mot) ou grosses pierres plantées dans le sol en cercle ou en demi-cercle, et qui entouraient des sépultures.

CROSSE / CROCHET

Ornement particulier de l'architecture ogivale qu'on retrouve sur les rampants des frontons, sur les arêtes des pyramides.

CROUPE

"Extrémité d'un comble qui ne s'appuie pas contre un pignon de maçonnerie" (Viollet-le-Duc). Anciennement ce mot désignait aussi l'abside vue par dehors.

Cromlech

CRYPTE

Chapelle souterraine, plus grande qu'une **confession** (voir ce mot), pratiquée souvent au-dessous d'une chapelle ou d'une église. Souvent très anciennes, datant des premiers temps du christianisme en Gaule, plusieurs cryptes ont contenu des Vierges noires.

Dès les premiers siècles, l'autel surmontait les restes d'un saint ; aujourd'hui encore on place des reliques dans l'autel, dont la masse est appelée le tombeau de l'autel. On mit souvent les corps ou les restes dans une petite construction, enterrée sur partie de sa hauteur et au-dessus de laquelle s'élevait l'autel : c'était la *confession*.

Mais les temps mérovingiens avaient des cryptes véritables, plus grandes que les confessions. Il en reste, du VIIe siècle environ, qui sont célèbres, à Jouarre (Seine-et-Marne) et à Grenoble. Ces très vieilles cryptes sont voûtées, elles abritent un autel et sont assez vastes pour qu'une assistance y trouve place.

Les maîtres d'œuvre romans donnèrent parfois aux cryptes une ampleur jusqu'alors inconnue. L'emplacement de la crypte est sous le sanctuaire; mais la crypte peut s'étendre davantage vers l'Ouest; on en a bâti qui ont autant et même plus d'étendue que l'église supérieure.

Les constructeurs des cryptes romanes se sont ingéniés à diminuer les piliers encombrants et à réduire la hauteur des voûtes; pour atteindre ce dernier résultat, ils ont employé la voûte d'arêtes et ils ont fait des voûtes plus nombreuses, moins larges et par conséquent moins élevées. Les cryptes prennent la lumière du jour, soit au dehors, soit à l'intérieur de l'église, par des fenêtres plongeantes.

CUL-DE-FOUR

Voûte qui a la forme d'une moitié de coupole. Quelquefois, mais à tort, on appelle de ce nom une coupole.

Crypte

CUL-DE-LAMPE

Ornement rappelant la forme du dessous d'une lampe d'église. Les culs-de-lampe romans sont souvent imagés de figures sérieuses ou gro-tesques. Voir **Corbeau**.

CULÉE

La culée est le pied-droit qui résiste par sa masse à la poussée d'une arche, d'une voûte, d'un arc ; dans un pont, les culées sont aux ex-trémités ; sur les autres piles, les poussées contraires des arches se neutralisent. La pile porte ; la culée contrebute.

CULOT

Ornement d'où sort une tige de feuillages ou un enroule-ment.

CUPULE

En archéologie préhistorique, petit creux dans la pierre.

CYCLOPÉEN (MONUMENT)

Antique construction dénom-mée également *pélasgique*, parce qu'œuvre des Pélas-sages instruits à l'école d'ou-vriers phéniciens nommés Cy-clopes. Ces constructions, for-mées d'énormes pierres en polyèdres irréguliers, sont su-perposées sans ciment ni mortier ; on en retrouve en Asie Mineure, en Grèce et en Italie ; ce sont surtout des murs d'acropoles.

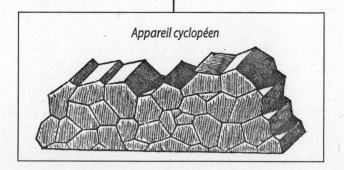

Appareil cyclopéen

DAIS

Voûte décorative agrémentée de sculptures et d'ornements, qui couvre un autel, un trône, une chaire, un siège (*cathedra*), une statue, un groupe… Le Moyen Âge place volontiers les statues à fleur du mur, sur un cul-de-lampe et sous un dais.

Lorsque plusieurs statues sont superposées, le cul-de-lampe d'une statue sert de dais à la statue inférieure. Les dais furent, pendant l'âge gothique, le prétexte d'une décoration exubérante : petits clochers ajourés, eux-mêmes compliqués de clochetons et de pinacles. Le XVIe siècle conserva les dais, mais il en changea le style.

DALMATIQUE

Vêtement sacré dans la primitive Église chrétienne. Les papes portaient alors la dalmatique. Le pape Sylvestre Ier en fit le vêtement particulier des diacres qui assistaient le prêtre à l'autel.

DAMIER

Ornement d'architecture de l'époque byzantine qui est employé à la décoration des archivoltes, des chapiteaux, des corniches, et parfois à certaines parties de murs.

Le damier, qu'on nomme aussi *échiquier*, est formé de petits rectangles de même dimension alternativement creux et saillants, ce qui les détache les uns des autres, ou bien encore de petites tables de même niveau, mais de matériaux de couleurs différentes, ce qui produit encore le damier.

DARD

Ornement accessoire en forme de pointe de flèche qui sépare des **oves** (voir ce mot).

DÉ

On nomme dé le corps du piédestal entre la base et la corniche dudit piédestal.

DÉAMBULATOIRE

Galerie-promenoir, bas-côté tournant autour du chœur et de l'abside, en reliant les deux bas-côtés de la nef.

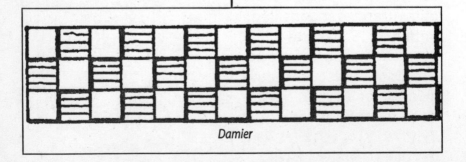

Damier

DÉCASTYLE

Édifice dont le portique a dix colonnes sur sa façade : temple décastyle, temple qui a dix colonnes sur sa façade ; fronton décastyle, fronton supporté par dix colonnes.

DÉCINTRE

Débarrasser l'arc ou la voûte du cintre qui les a soutenus durant la construction.

DÉCORATION DES ÉDIFICES

Les différentes époques n'ont pas les mêmes principes en matière de décoration. L'art gallo-romain isole la décoration et la construction et subordonne celle-ci à celle-là : dans certaines compositions architecturales, les colonnes n'ont pas d'autre raison d'être que de servir de support à des statues.

La période barbare chercha dans les applications d'enduits, de stuc et dans des revêtements de marbre une décoration plus riche que rationnelle.

L'art roman et l'art gothique se rapprochèrent, et inconsciemment, de l'esthétique grecque : pour eux, la décoration était avant tout la mise en valeur des moyens de construction. Elle n'était pas indépendante, mais concourait à un effet d'ensemble ; l'art était discipliné et le sculpteur anonyme faisait à l'œuvre collective le sacrifice de son amour-propre personnel. L'artiste du Moyen Âge savait borner son ambition, et ne demander à son outil que ce que l'outil peut lui donner. Les bas-reliefs du XIIIᵉ siècle, par exemple, sont simples et ont un seul plan, à la différence de bas-reliefs plus modernes à plans multiples.

Dards et oves

DÉLIT

Une pierre est dite en délit lorsqu'elle est dressée perpendiculairement à son lit naturel, à sa position dans la carrière.

DENT-DE-SCIE

Ornement qui rappelle le dessin des dents d'une scie.

DENTICULE

Les denticules sont de petits dés disposés en file sous certains membres saillants de l'architecture.

DENTICULÉ

En forme de dent. Utilisé notamment pour décrire des objets préhistoriques.

DESSINS COURANTS

Ornements peints ou sculptés, tels que rinceaux, perles, chapelets, palmettes, rubans, grecques, arabesques, feuilles entablées... On en trouve principalement sur des baguettes, des tores, des gorges, des bandeaux, des cimaises...

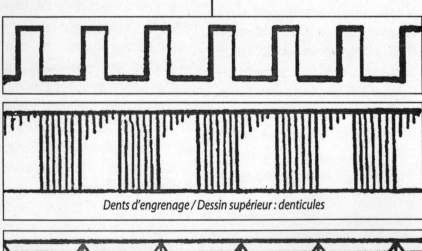

Dents d'engrenage / Dessin supérieur : denticules

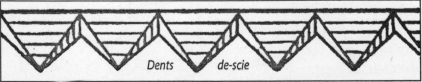

Dents de-scie

DIPTYQUE

Peinture effectuée sur deux panneaux.

DIRECTRICE

Ligne suivant laquelle se meut la génératrice ; dans une voûte en vis, la génératrice est une hélice ; dans une voûte annulaire, c'est une circonférence, etc.

DOLMEN

Monument mégalithique formé d'une table posée sur des dalles qui sont dressées verticalement. En langue celtique, *table de pierre*. Monument dit aussi druidique, mégalithique. Ces monuments étaient nommés également *allées couvertes, pierres levées, tables des fées, tables du diable, de César…*

Les dolmens sont répartis en Europe, en Asie et en Afrique. Ils peuvent présenter dans des régions fort éloignées des analogies de détail frappantes, comme des trous forés au travers de l'une des dalles de bout. $En France, les dolmens se rencontrent surtout entre le littoral breton de la Manche et la côte languedocienne ; ils sont particulièrement nombreux, d'une part en Bretagne, d'autre part dans la contrée qui s'étend du Lot à l'Ardèche et au Gard, sur les causses, où l'agriculture les a moins détruits qu'ailleurs. Il en existe quelques dolmens au pied des Alpes et dans les Pyrénées.

Les tables des dolmens atteignent de grandes dimensions. Ces pierres sont fort pesantes. Cependant, elles auraient été quelquefois détachées de carrières sises assez loin : une dalle, qui pèse 40 tonnes, peut provenir d'une carrière éloignée de plus de 30 kilomètres. Si ce ne sont pas des blocs erratiques portés par les glaciers ou des vestiges de strates géologiques disparues, le transport de ces masses suppose l'effort méthodique et combiné de nombreux travailleurs.

La construction des dolmens elle-même atteste la mise en œuvre de forces considérables. Sans doute on a pu, pour certains dolmens, choisir un bloc, le laisser en place et creuser par-dessous pour disposer les dalles portantes. Plus souvent, après avoir planté les supports, on a remblayé, on a tiré la table en la faisant glisser sur des rouleaux, on l'a posée sur les blocs dressés, enfin on a vidé la chambre.

Quelques dolmens sont si étroits qu'il est impossible d'y placer un corps entier ; on suppose qu'ils comptent parmi les plus anciens. Plus tard, les blocs portants furent plus nombreux et la chambre plus longue, ou bien celle-ci fut précédée d'une galerie d'accès plus étroite, ou encore le dolmen s'allongea en une allée couverte.

Les dalles de champ sont parfois obliques et s'inclinent du haut vers le centre : elles résistent mieux ainsi aux forces qui tendent à les renverser. Le dolmen pouvait être clos : les interstices entre les blocs étaient bouchés par de la terre ou de menues pierres et la dalle qui fermait l'un des petits côtés était mobile ou percée d'un trou. On connaît des dolmens, d'ailleurs bien conservés, qui n'ont aucune trace de cou-

verture en pierre. Peut-être la chambre était-elle abritée par des poudres juxtaposées.

Vers la fin de l'époque néolithique et après, on fit des dolmens dans lesquels les gros supports sont remplacés par des murs en pierre sèche et la table par une voûte en encorbellement, c'est-à-dire formée d'assises horizontales qui débordent l'une sur l'autre, chacune surplombant l'assise inférieure, et qui finissent par se rejoindre en haut.

DOLMEN SOUS TUMULUS

Certains dolmens, un fois achevés, étaient enveloppés d'un amas de terre ; ils sont dits dolmens sous tumulus. Des dolmens ont dû être destinés à rester découverts ; d'autres ont été recouverts d'un tertre factice, au centre duquel le dolmen forme une crypte. Le couloir d'entrée des dolmens prouve qu'ils ont été parfois rouverts. Ils ont abrité des ossements, puis des corps inhumés, puis encore des corps incinérés : dans tous les cas, ce sont des monuments funéraires.

Les cryptes des dolmens sous tumulus ont avec les chambres sépulcrales des Pyramides, avec les tombes mycéniennes, des affinités mystérieuses.

Le dolmen sous tumulus ne disparaît pas à la fin la période de la pierre polie : il existe notamment dans le Sud-Ouest, le long des Pyrénées, des tertres qui sont, du moins en partie, datés de l'âge du fer.

DÔME

Terme, dérivé de *domus*, est employé pour désigner l'église, la maison de Dieu ; quand une ville possède plusieurs églises, ce n'est qu'à la cathédrale qu'on donne ce nom.

Couverture bombée, à pans coupés, en demi-sphère ou surhaussée, qui domine un édifice. Désigne aussi l'intérieur d'une coupole.

DONJON

Tour qui forme le réduit d'un château fort, ordinairement séparée des autres constructions. La plupart des forteresses féodales n'étaient formées que d'un simple donjon élevé sur une butte. Celui-là était entouré d'un premier fossé, puis d'un rempart en terre, dont l'accès était défendu par un second fossé.

Les donjons de pierre, carrés, à contreforts, avec ou sans tourelle d'angle pour l'escalier furent surtout nombreux au XIe siècle dans la vallée de la Loire. Le même siècle fit des donjons circulaires, cylindriques ou tronc-coniques, et des donjons de charpente.

Au XIIe siècle, la préoccupation du **flanquement** (voir ce mot) inspira maints tracés : tours en quatre-feuilles (tour Guinette d'Étampes) ; tour carrée cantonnée de tourelles rondes, comme le donjon de Provins ; tour en amande, comme le donjon de Château-Gaillard des Andelys, construit par Richard-Coeur-de-Lion en 1196-1197 et enlevé par Philippe Auguste en 1204, etc.

Le XIIIe siècle continua d'élever des donjons ; mais il bâtit aussi des châteaux dépourvus de cette maîtresse tour. Dans l'ensemble du château, le donjon perdait de l'importance et les logements en gagnaient. Le château féodal n'était plus un repaire à peine habitable ; il devenait un confortable séjour, abrité par une enceinte.

Durant le XIVe siècle, ce mouvement s'accentua. De plus, lorsque l'assiette plate se prêtait à un tracé régulier, le château fut préférablement un rectangle armé de quatre tours d'angles, plus quelquefois d'autres tours secondaires sur les côtés longs, par exemple pour défendre la porte. Cette forme se retrouve dans la célèbre Bastille de Saint Antoine, à Paris, élevée aux environs de 1370 en vue de fortifier la porte de ce nom. Quelques donjons furent de plan carré.

Lorsque vint la Renaissance, les châteaux forts ne répondaient plus à l'état politique et social du pays ; quelques châteaux de plaisance gardèrent le crénelage et les apparences des anciennes demeures féodales. Ce n'était plus qu'un décor.

Le donjon de Provins

DORIQUE

Ordre d'architecture grecque, le plus ancien, et le plus simple.

DORSAL

Tapisserie, ou draperie qu'on suspendait dans les arcades ou baies entourant le chœur d'une église pour se préserver des courants d'air.

DORTOIR

Dans les monastères, le dortoir est souvent au premier étage, à proximité de l'église : on peut ainsi descendre du dortoir dans un bras du transept.

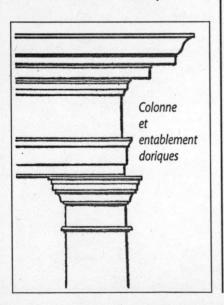

Colonne et entablement doriques

DOSSERET

Bout de mur en saillie sur un autre mur et servant de jambage à une ouverture ou de pied-droit à un arc.

DOUBLEAU

Arc transversal saillant sous l'intrados d'une voûte en berceau, concentrique à cette voûte et qui la double. Il a plusieurs effets ; il brise les lignes et atténue à l'œil les déformations de la voûte ; il soulage le berceau, le soutient et le renforce.

DOUCINE

Moulure composée de deux quarts de cercle, un convexe et un concave ; employée surtout pour le couronnement d'une corniche, elle peut être unie ou décorée.

DOUELLE

Surface courbe d'un arc. On réserve généralement ce nom à la surface du dessous ou d'intrados.

DRAGON

Le dragon était un animal fantastique de la mythologie païenne : le jardin des Hespérides, la Toison d'or, la fontaine de Castalie étaient gardés par des dragons, gardiens du monde infernal. Dans l'art chrétien, cet animal symbolise souvent le diable, dont il est l'allié ou le serviteur. C'est un reptile ailé aux replis tortueux qui emprunte des pattes soit au cheval, soit au lion ; quelquefois, il est armé des serres puissantes d'un oiseau de proie. Sa tête et son corps sont hérissés de crêtes ; il foudroie de son regard ; sa gueule vomit des flammes ; enfin, il empeste l'air de son haleine fétide. Saint Georges et saint Michel, en le terrassant, libèrent ses puissances terrestres, telluriques, vers le Ciel. Ces puissances se transmettent par la lance plantée par ces saints (patrons de la chevalerie) dans la gueule du monstre.

DROITE

En général on appelle la droite la partie de l'église que l'on a à droite en entrant par le fond. On dit avec plus de précision côté sud, côté nord, lorsque l'église est orientée, ou côté de l'Épître, côté de l'Évangile.

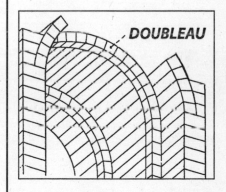

DOUBLEAU

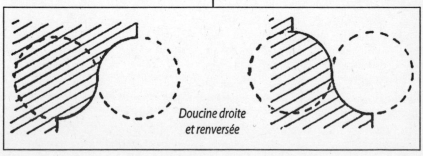

Doucine droite et renversée

ÉBRASEMENT

Évasement d'une baie, qui provient de ce que les parois latérales s'écartent vers un parement, en général vers l'intérieur.
— Ne pas confondre avec **embrasure** (voir ce mot).

ÉCAILLE

Ornement sculpté de formes diverses, mais affectant plus particulièrement la forme d'écailles de poisson. Ornement souvent employé dans les architectures romane, byzantine et ogivale.

ÉCHAUGUETTE

Bout de tourelle posé sur un mur, un contrefort, etc., pour loger une sentinelle.

Petite guérite placée en encorbellement soit au sommet des tours, soit sur les courtines, principalement aux angles. Certaines portes de ville avaient aussi des échauguettes. Primitivement, elles étaient en bois ; mais à partir du XIe siècle, elles furent en maçonnerie, et formèrent de véritables tourelles.

ÉCHINE

Ce terme, dérivé d'un mot grec qui signifie châtaigne, paraît avoir désigné primitivement les oves peintes ou sculptées sur un quart-de-rond, puis le quart-de-rond lui-même. On appelle plutôt échine aujourd'hui une moulure convexe qui est le contraire de la **scotie** (voir ce mot), ou bien le corps du chapiteau dorique.

Échauguette

ÉCHIQUIER

Voir **Damier**.

ÉCLISSE

Les éclisses sont des planchettes de bois ou des bandes de métal entre lesquelles on maintient par le serrage un membre de construction que l'on craint de voir éclater.

ÉCOINÇON

L'écoinçon est l'encoignure d'une embrasure, l'angle saillant formé par cette embrasure et le paremente intérieur. L'écoinçon est aussi le triangle entre deux arcs tangents, entre un arc et la colonne tangente.

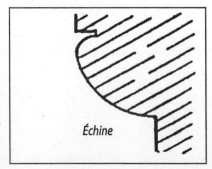

Échine

ÉCOLES D'ARCHITECTURE RELIGIEUSE ROMANE

Le fractionnement politique de la France par la féodalité, le mauvais état des chemins, la difficulté des communications et des transports découpaient le pays en provinces, qui s'ignoraient presque et dont chacune avait un art de bâtir spécial.

Par un phénomène inverse, l'extension du pouvoir royal, aux XIIᵉ et XIIIᵉ siècles, concourut à la diffusion de l'église gothique, architecture de l'Ile-de-France.

Dans cette société divisée, les grands ordres religieux privilégiaient certains modèles d'églises. Les clunisiens faisaient volontiers une abside sans déambulatoire, au bout d'un chœur profond, lequel communique avec les chœurs des absidioles : on a ainsi trois, cinq et jusqu'à sept absides et absidioles inégalement saillantes. Les Cisterciens, qui visaient à la simplicité, ont fait des transepts développés, sur lesquels s'ouvrent de simples chapelles carrées, voûtées en berceau ; ils ont réduit la décoration au minimum.

Il existe en France des centaines de petites familles d'édifices religieux : on a pris le parti de fondre ces familles en des groupes, que l'on a baptisé écoles régionales.

Dans chacune de ces écoles prédomine un type, qui est caractérisé principalement par la coupe en travers sur la nef (rapports d'équilibre de la maîtresse voûte avec les voûtes latérales, nature de l'une et des autres), par le plan, surtout par le plan du chevet (présence ou absence du déambulatoire), enfin par d'autres particularités secondaires (tour centrale, forme des piliers, type du clocher, style de la décoration, etc.).

La qualité des matériaux, les relations économiques, la proximité des voies de pèlerinage, les conditions climatériques et la luminosité du ciel sont des facteurs importants dans la constitution des écoles. On peut, dans l'ensemble, diviser la France en quatre grandes régions : la vallée du Rhône conserve les fenêtres, plus petites en Provence, plus grandes et accompagnées d'un faux triforium en Bourgogne ; dans le Plateau Central, la force de la tradition maintient le triforium, mais les fenêtres sont sacrifiées ; l'Ouest supprime le triforium et les fenêtres ; le Nord les garde, renonce à construire sur la nef des voûtes romanes et trouve la formule gothique.

Chacune de ces grandes régions se subdivise en école. On trouvera ci-contre, résumées en un tableau, les caractéristiques des principales écoles romanes.

École Provençale. — Plan : ni déambulatoire, ni chapelles rayonnantes ; très souvent, nef unique. — Voûtement : nef : en berceau sur doubleaux à ressauts ; bas-côté : en demi-berceau. — Ordonnance Intérieure de la Nef : pas de triforium ; très petites fenêtres. — Piliers, etc. : piliers à pilastres, très découpés, allongés dans le sens de l'axe ; arcades larges. — Décoration : intérieurs sobres ; influences antiques, lombardes, etc. ; nervures simulées sou les culs-de-four.

École Poitevine. — Plan : déambulatoire et chapelles rayonnantes. — Voûtement : nef : en berceau sur doubleaux ; bas-côtés : berceau ou arêtes. — Ordonnance Intérieure de la Nef : ni triforium ni fenêtres. — Piliers, etc. : grosses colonnes, puis piliers en quatre-feuilles ; flèches coniques renflées. — Décoration : façades très riches ; porte sans tympan.

École Auvergnate. — Plan : déambulatoire, chapelles rayonnantes, quelquefois de

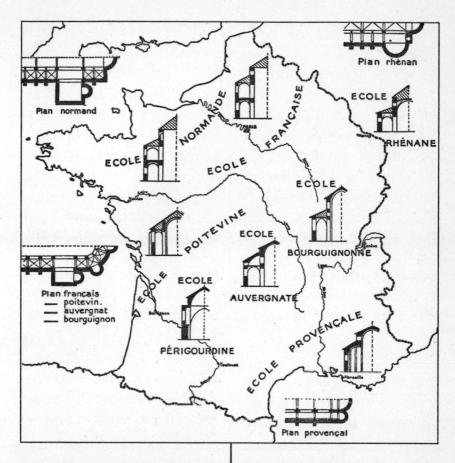

nombre pair. — Voûtement : nef : berceau plein-cintre lisse ; bas-côté : arêtes ; tribunes : demi-berceau. — Ordonnance Intérieure de la Nef : triforium ; pas de fenêtres dans la nef. — Piliers, etc. : piliers : colonnes engagées, sans objet ; clocher octogonal sur transept ; ordonnance magnifique à l'extérieur du chevet et du transept. — Décoration : intérieurs sévères ; marqueterie dans les parements.

École Périgourdine. — Plan : pas de déambulatoire ; travées carrées ; pas de bas-côtés. — Voûtement : coupoles sur pendentifs. — Ordonnance Intérieure de la Nef : pas de triforium. — Piliers, etc. : piliers carrés et massifs, ou piliers à colonnes engagées.

École Bourguignonne. — Plan : souvent pas de déambulatoire ; quelques avant-nefs très développées. — Voûtement : nef : berceau brisé sur doubleaux, ou arêtes ; bas-côtés : arêtes. — Ordonnance Intérieure de la Nef : arcades brisées ; faux triforium ; fenêtres. — Piliers, etc. : piliers à pilastres ; clocher central. — Décoration : flore grasse : statuaire maigre ; pilastres cannelés.

École Rhénane. — Plan : pas de déambulatoire ; absides au bout des bras du transept et même au fond de la nef. — Voûtement : nef : depuis le XIIᵉ s., voûtes d'arêtes bombées ; bas-côtés ; arêtes. — Ordonnance Intérieure de la Nef : grandes arcades simples, plein-cintre ; pas de triforium ; fenêtres. — Piliers, etc. : clocher central ; flèches de charpente à 4 pans, dont les arêtes répondent au sommet des pignons élevés sur les 4 faces des tours. — Décoration : caractère rude ; in-fluences lombardes ; arca-tures lombardes, galerie ex-térieure en haut des absides.

École Normande. — Plan : pas de déambulatoire ; le bas-côté du chœur ne contourne pas l'abside. — Voûtement : nef : pas de voû-te, quelquefois arcs transver-saux ; bas-côtés : arêtes ; tri-bunes : pas de voûte. — Or-donnance Intérieure de la Nef : grandes arcades plein-cintre ; large triforium ; fe-nêtres en avant desquelles court une galerie. — Piliers, etc. : quelquefois piliers alter-nés ; tour lanterne carrée. — Décoration : décoration géo-métrique ; invention pauvre ; chapiteaux à godrons.

École Française. — Plan : dé-ambulatoire et chapelles rayonnantes. — Voûtement : nef : pas de voûte ; bas-côtés : arêtes ; tribunes : pas de voûtes. — Ordonnance Intérieure de la nef : grandes arcades en plein-cintre ; trifo-rium ; fenêtres. — Décoration : décoration pauvre.

ÉCOLES D'ARCHITECTURE RELIGIEUSE GOTHIQUE

Quand on étudie l'école gothique d'une province, il faut distinguer entre les églises de style local et les églises de style importé.

Après la période romane, les foyers d'influence artistique se sont déplacés ; mais dans les types gothiques régionaux, on retrouve, réalisée par des moyens nouveaux, l'idée première des vieux types des écoles romanes.

L'école normande a produit de vastes églises à déambulatoire, avec une tour-lanterne sur le carré du transept et des clochers souvent remarquables ; mais les lignes montent trop, les arcs sont parfois suraigus, les tailloirs, ronds et mous, et l'ornementation, trop uniformément géométrique.

Les écoles champenoise et **bourguignonne** ont élevé des édifices nerveux, un peu secs. Des chemins de ronde intérieurs, placés au niveau des fenêtres, sont abrités par des fomerets profonds ou par des dalles qui reposent, d'un côté sur le formeret, de l'autre sur le mur. Les piliers sont quelquefois alternés et les coûtes champenoises peuvent être à cinq, six ou huit branches d'ogives.

Le gothique angevin et poitevin a couvert l'Ouest d'églises appartenant à deux types et qui ont une double origine : église à une nef couverte de voûtes sur plan carré et bombées, qui procède de l'église à coupoles ; église à trois nefs de hauteur à peu près égales, sans fenêtre ni triforium dans le vaisseau central et qui représente dans ses grandes lignes l'église romane poitevine. Dans les voûtes carrées et bombées on multiplie les liernes au XIIIe siècle ; les nervures, engagées dans la maçonnerie des voûtes, sont plutôt de simples moulures profilées sur des voussoirs saillants.

Le gothique languedocien a laissé des églises à nef unique très larges - jusqu'à 23 mètres, - épaulées par des contreforts très saillants, véritables murs de refend, entre lesquels sont rangées des chapelles latérales. Des fenêtres rondes sont percées au-dessus des arcs par lesquels ces chapelles s'ouvrent sur la nef.

ÉCRAN

Barrière ajourée en bois, en pierre, qui entoure le chœur ou le sanctuaire d'une église, une chapelle ou un tombeau.

ÉGLISE

L'église abbatiale est l'église d'une communauté soumise à un abbé ; l'église cathédrale est desservie par un chapitre de chanoines qui forme le conseil d'un évêque ; l'église collégiale est desservie par un chapitre de chanoines autre que le chapitre cathédral ; l'église paroissiale est affectée au service d'une paroisse ; l'église pricurale est l'église d'une communauté régulière dirigée par un prieur. L'église cathédrale est métropolitaine si elle est le siège d'un archevêque, et primatiale si elle est le siège d'un primat.

L'église occupe de préférence un emplacement élevé. Le pavé des vieilles églises est souvent en contrebas, parce que le sol extérieur s'exhausse, environ de 0,30 m par siècle dans les villes ; mais le droit canon demande que le monument soit posé sur une éminence. L'église est *orientée* : le chevet, la tête de l'édifice est dirigée approximativement vers le Levant. Le côté de l'Évangile est donc le côté nord et le côté de l'Épître est le côté sud. On appelle *droite* et *gauche* de l'autel la droite et la gauche du Crucifix placé sur cet autel.

Les matériaux de l'église et son emplacement sont sacrés. C'est pourquoi les églises sont réédifiées sur le même point et il est de règle qu'on doit faire entrer dans l'œuvre nouvelle les débris de l'édifice ancien. Une coutume qui souffre, d'ailleurs, de nombreuses dérogations veut que l'église, quand elle est importante, ait en plan la forme d'une croix. L'axe est souvent brisé, surtout à la rencontre de la nef et du chevet et que, suivant une opinion répandue, les architectes avaient voulu rappeler

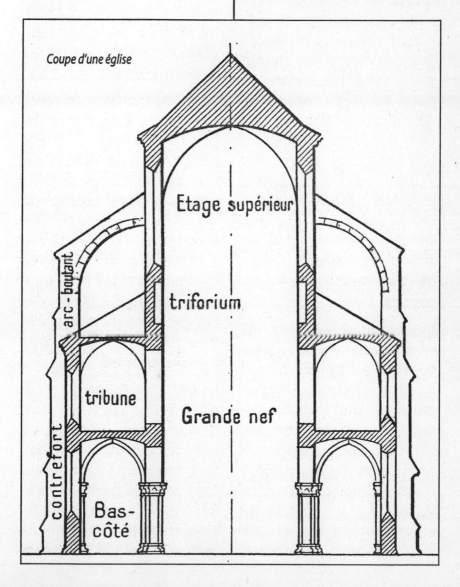

Coupe d'une église

Etage supérieur

triforium

tribune

Grande nef

arc-boutant

contrefort

Bas-côté

ainsi l'attitude du Christ expirant, la tête penchée sur l'épaule. Cette explication est contestable.

Les vastes églises ont été construites sur le produit des aumônes, des legs, des deniers à Dieu, des offrandes pour les dispenses, etc. On excitait la générosité des fidèles par des concessions d'indulgences. Dans les derniers siècles qui précédèrent la Révolution, un régime s'élabora qui, pour les églises paroissiales, mit le chevet à la charge du clergé, la nef à la charge des fidèles, enfin les chapelles latérales à la charge des seigneurs à qui elles appartenaient.

Les premières églises ont emprunté leurs dispositions principales à divers édifices : **basiliques** civiles (voir ce mot), qui étaient des portiques plus ou moins clos, offrant un abri aux promeneurs, aux plaideurs, etc., thermes, maisons particulières. De très bonne heure, l'église comprit une **abside** (voir ce mot), qui était, sauf de rares exceptions, semi-circulaire et qui pouvait s'emboîter dans un massif carré ou polygonal à l'extérieur. L'abside était réservée au clergé : les chantres se tenaient en avant, entre l'abside et le carré du transept, dans une travée, chorus psallentium, le chœur.

Le **transept** (voir ce mot), très fréquent en France depuis les Carolingiens, est une nef transversale, dont la toiture coupe à angle droit la toiture de la nef ; il comprend deux bras et le *carré du transept*, qui est la travée placée à l'intersection, la travée commune à la nef et au transept. Depuis le IXe siècle, l'usage se répandit de placer une absidiole sur chaque bras du transept.

La nef était souvent précédée, à l'ouest, soit d'un **atrium**, cour entourée de portiques, soit d'un **narthex** (voir ces mots), galerie qui était plaquée contre la façade. À l'intérieur de l'église latine, des divisions étaient marquées par des parapets à hauteur d'appui, formés de dalles décorées et dressées de champ, que l'on appelle les *chancels*.

L'église romane est beaucoup plus massive que l'église latine, à cause de l'emploi des voûtes : les murs, plus épais, se garnissent de supports à l'intérieur, de contreforts à l'extérieur. L'abside est quelquefois polygonale sur les deux faces. Abside et chœur sont fréquemment enveloppés d'un bas-côté tournant, avec lequel l'un et l'autre communiquent par une série d'arcades et qui s'ouvre, d'autre part, sur des chapelles rayonnantes ; ce bas-côté tournant, dont les plus anciens exemples connus remontent aux dernières années du Xe siècle, s'appelle le **déambulatoire** (voir ce mot). On trouve aussi des chevets sans déambulatoire, dans lesquels des chapelles rayonnantes débouchent sur l'abside. Le chœur roman s'allonge. Le transept prend de l'importance : quelquefois chaque bras a un

bas-côté sur une face ou sur deux ou sur les trois. Dans bien des églises romanes, le constructeur a ménagé sur la façade devant la nef un porche, ouvert sur le dehors, ou une avant-nef qui, dans un petit nombre de cas, atteignait les dimensions d'un édifice. Quelques grandes églises romanes ont quatre bas-côtés.

L'église gothique est plus dégagée. On délaisse dans les absides et les absidioles le plan circulaire pour le plan polygonal. Les contreforts deviennent très saillants, tellement qu'entre les contreforts on loge des chapelles latérales. Les porches en avant des églises se font rares.

Pendant la Renaissance et après, l'église ne change guère dans ses grandes lignes ; mais le plan s'encombre à nouveau de piliers massifs ; l'édifice redevient lourd ; absides et absidioles peuvent reprendre leur forme ronde. Quelques églises, notamment des églises gothiques de l'ordre de saint Dominique, sont à deux nefs. D'autres, beaucoup plus nombreuses, ont une nef unique, avec ou sans abside, avec ou sans transept. Lorsque les bras du transept sont arrondis, la tête de l'église ressemble en plan à un trèfle. Cette forme, qui est très ancienne, s'est perpétuée dans quelques spécimens jusqu'à l'époque moderne.

Enfin les églises peuvent être sur le plan rayonnant ; au lieu de se développer en longueur, elles rayonnent autour d'une travée centrale. Il y en eut, sous Charlemagne, toute une lignée qui procédait de l'église Saint-Vital de Ravenne, polygonale à bas-côtés. L'église de Germigny-les-Prés, construite vers 805 ou au plus tard vers 900, est carrée avec quatre absidioles. Des églises ont été édifiées sur plan circulaire, à l'imitation de l'église du Saint-Sépulcre de Jérusalem.

Voir **Basilique**.

ÉLÉGIR

Rendre plus léger d'aspect par exemple, à l'aide d'une moulure.

ÉLÉMENTS

Les 4 éléments traditionnels sont le *Feu*, la *Terre*, l'*Air* et l'*Eau*. Ils sont représentés dans l'art chrétien par les quatre évangélistes entourant le Christ en gloire : un homme, un taureau, un lion et un aigle.

EMBRASURE

C'est dans un percement biais, la partie qui est délimitée sur les flancs par l'ébrasement.

ENCORBELLEMENT

Saillie obtenue à l'aide d'un corbeau ou de plusieurs superposés. Construction (balcon, corniche, tourelle…) en saillie sur un mur, soutenue par des **corbeaux** (voir ce mot).

ENFEU

Caveau funéraire placé sous le chœur d'une église, et qui affectait la forme d'une grande niche. Les évêques étaient enterrés par *droit d'enfeu* dans des sépultures de ce genre.

ENTABLEMENT

Couronnement d'une ordonnance architecturale. Dans les monuments classiques, l'entablement complet est formé de l'**architrave**, de la **frise** et de la **corniche** (voir ces mots).

L'entablement le plus exemplaire est le dorique. Les triglyphes, avec leurs deux canaux et leur demi-canaux, coupent la frise ; c'étaient apparemment, à l'origine, les têtes des poutres. Les métopes sont simplement des dalles de remplissage. Les gouttes paraissent être un souvenir des clous ou des chevilles de l'assemblage.

Il arrive aux architectes du XVIe siècle de supprimer les triglyphes et à ceux du siècle suivant de les séparer par des métopes d'une longueur inusitée dans les ordres antiques.

Quant aux maîtres d'œuvre du Moyen Âge, ils sacrifièrent l'entablement et ils n'en conservèrent que la corniche, qui, en effet, couronne utilement le mur. Il faut noter, à ce propos, que l'architecture classique a placé des corniches au-dedans des édifices, parce qu'elle a transporté à l'intérieur toute l'or-

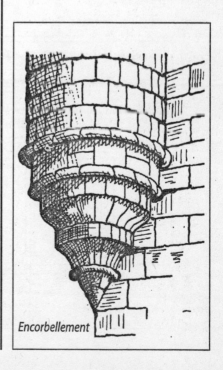

Encorbellement

donnance, entablement compris ; l'architecture du Moyen Âge, au contraire, n'a fait de **corniches** (voir ce mot) qu'au dehors.

ENTAILLEUR

Ce terme, au Moyen Âge, était synonyme de graveur et ciseleur sur métaux, et même de sculpteur sur pierre ou sur bois ; mais, dans cette dernière acception, on disait aussi et plus ordinairement tailleur-folliagier.

ENTRE-COLONNEMENT

Espace entre deux colonnes. Suivant le vide existant entre les colonnes d'un temple, celui-ci est nommé *aérostyle, diastyle, eustyle, systyle et pycnostyle* ; généralement, dans les monuments de l'Antiquité, quel que soit l'entre-colonnement adopté, l'espace compris entre les deux colonnes faisant face à la porte du monument était plus large que l'entre-colonnement d'à côté.

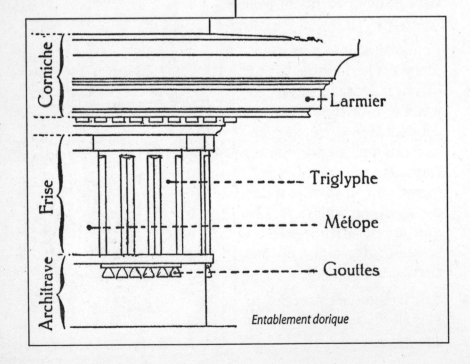

Entablement dorique

ENTRECOUPE

Quand deux voûtes sont superposées et que leurs naissances sont sur les mêmes murs, si ces voûtes sont séparées par un intervalle, c'est celui-ci qu'on nomme entrecoupe.

ENTRELACS

Ornement composé de lignes qui s'entrelacent Ces ornements formés de lignes ou de feuilles entrelacées, sont utilisés pour la décoration des bandeaux, des frises ou de diverses moulures ; les méandres sont des entrelacs, les postes ou autres dessins courants sont également appelés entrelacs.

ENTRE-MODILLONS

Espace compris entre deux **modillons** (voir ce mot) ; cet espace est régulier, souvent décorés de motifs variés ; dans les styles roman et Renaissance, des arcatures relient souvent entre eux les modillons.

ENTRETOISE

Pièce de bois, de fer, etc., qui s'assemble du bout dans deux autres pièces et en maintient l'écartement.

ÉPAULER

Soutenir contre le renversement.

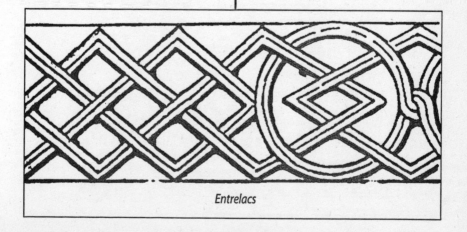

Entrelacs

ÉPERON

Renfort de maçonnerie formant une saillie triangulaire en avant d'une tour, d'une pile de pont, etc. — Ne pas faire de ce mot un synonyme de **contrefort**.

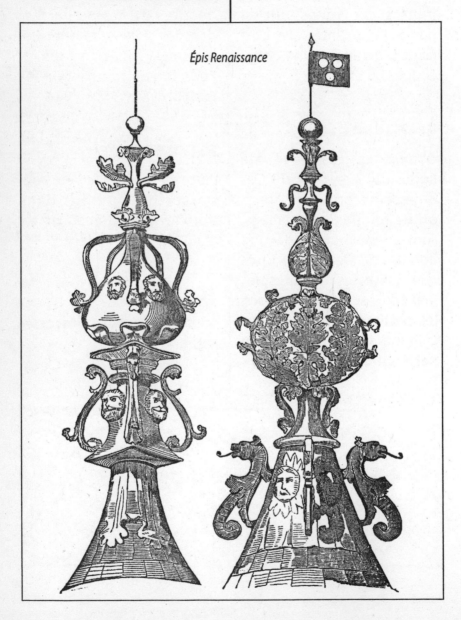

Épis Renaissance

ÉPI

On appelle épi un ornement que l'on pose sur les poinçons des croupes, sur les toits.

ÉPIGRAPHIE

L'épigraphie, science des inscriptions, peut permettre de dater les édifices. par l'étude de la forme des inscriptions qui y sont gravées.

ÉPURE

Dessin grandeur d'exécution, sur lequel l'appareilleur découpe le panneau qu'il applique ensuite sur les pierres.

ÉQUERRE

Outil du bâtisseur, comme le compas, le niveau ou la règle..., et emblème de l'apôtre Thomas.

ESCALIER

L'escalier le plus simple est l'*escalier droit*, qui monte, sans se détourner, depuis le point de départ jusqu'au point d'arrivée. L'*escalier brisé* est à deux ou plusieurs volées, l'une dans un sens, l'autre dans un sens différent. L'*escalier à vis* s'élève en décrivant une hélice; cet escalier à vis présente des avantages multiples : il est plus facile à loger et il se prête à l'ouverture de portes dans toutes les directions et à toutes les hauteurs.

Les escaliers droits se font surtout à l'extérieur : on les construit contre un rempart, contre une façade, dans une cour, etc.; on les a logés quelquefois dans une muraille.

Les escaliers brisés, fréquents dans les amphithéâtres antiques, étaient connus du Moyen Âge. Parfois, deux montées opposées se réunissent à un palier, d'où part une montée unique.

Les escaliers à vis. — L'escalier à vis existait chez les Romains, qui en ont placé un, par exemple, dans la colonne Trajane ; mais c'est la période gothique qui les a le plus fréquemment et le plus heureusement utilisés. Les escaliers à vis de l'époque romane étaient couverts d'un berceau également en hélice, qui tournait avec l'escalier.

Lorsque l'escalier était large, il devenait impossible de tailler dans le même bloc marche et noyau ; le noyau était monté séparément et quelquefois très riche.

À partir du XIVe siècle, on a fait des escaliers sans noyau, dont le limon tourne autour d'un vide.

L'escalier à vis a pris place quelquefois dans l'épaisseur des fortes murailles d'une tour ou d'un château. La combinaison la plus ordinaire consiste à l'enfermer dans une tourelle. Ces tourelles peuvent être engagées dans

Escalier Renaissance

la façade ou dans un angle. Le XIVe siècle perfectionna notablement la construction des grands escaliers à vis. Il en fit, comme plus tard le XVIe siècle, où deux montées sont encloses dans une tourelle unique, soit que l'une tourne autour de l'autre, soit que l'une monte au-dessous de l'autre.

ESCARPE

Paroi, talus du fossé qui est sise du côté de la place et fait face à la contrescarpe

EST

Autre nom de l'orient où naît la lumière. Nombre d'édifices religieux sont "orientés" dans sa direction.

ÉTAI

Terme générique servant à désigner les pièces de bois employées à soutenir provisoirement une construction.

ÉTANÇON

"Pièce de bois posée verticalement dans une construction pour arrêter un écrasement" (Viollet-le-Duc).

ÉTRÉSILLON

Pièce qui maintient l'écartement de deux parties d'une construction, comme les deux montants d'une baie, deux arcs concentriques, etc.

ÉVÊQUE

Responsable d'un diocèse. Dans les premiers temps de l'Église, on les nommait *presbuterioi* (vieillards), eu égard à leur âge et à leur sagesse.

EXÈDRE

Salle en forme de grande niche, munie d'un banc adhérant à la paroi.

EXTRADOS

Surface courbe convexe d'un arc ou d'une voûte ; c'est la face supérieure, extérieure.

FAÎTE

Ce mot désigne tantôt la poutre faîtière, sur laquelle s'assemblent les chevrons et tantôt l'angle supérieur du toit.

FANAL DE CIMETIÈRE

Voir **Lanterne des morts**.

FAUTEAU

Machine de guerre du Moyen Âge; c'était un bélier suspendu à une tour, dont on utilisait le balancement pour battre en brèche les murs et enfoncer les portes.

FENESTRAGE

Ensemble d'une fenêtre, encadrement et meneaux compris, ou de plusieurs fenêtres.

FENÊTRE CIVILE

La fenêtre civile du Moyen Âge n'est pas comparable, dans son utilité et son usage, à la fenêtre des églises : elle doit être d'un accès facile, pour qu'on puisse l'ouvrir et regarder dans la rue : elle comporte un ou plusieurs châssis ouvrants; enfin, elle est souvent sous plancher au lieu d'être sous voûte. Cette différence a entraîné d'importantes différences dans la construction.

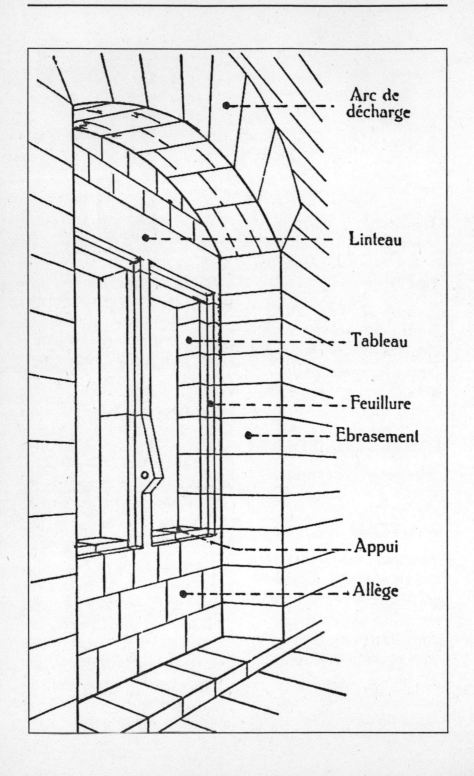

Arc de décharge

Linteau

Tableau

Feuillure

Ebrasement

Appui

Allège

La fenêtre se divise, dans le sens de l'épaisseur du mur, en deux parties : l'une en façade, qui est le *tableau* ou la fenêtre proprement dite, l'autre à l'intérieur, qui est l'*embrasure*.

L'une et l'autre sont séparées par la *feuillure*, dans laquelle s'encastrent les panneaux servant à fermer la baie. L'embrasure descend jusqu'au plancher ; entre l'appui de la baie et le plancher, le mur est donc plus mince : c'est l'*allège*.

Des bancs sont fréquemment disposés à droite et à gauche dans l'embrasure : on peut arriver près de la fenêtre, s'y tenir et de l'intérieur voir au dehors. Ainsi est résolu le premier point du programme.

La présence des vitraux ouvrants et le fait que les fenêtres sont sous plancher entraînent des conséquences plus sensibles : la forme propre des fenêtres civiles est rectangulaire ; la baie est couverte d'un linteau. Mais les linteaux un peu longs se

seraient brisés sous la charge des maçonneries supérieures ; on fut donc amené à placer dans l'ouverture un ou plusieurs montants en pierre de forme variable.

En arrière du tableau, sur l'embrasure, on bandait un arc, qui pouvait être très plat. Cet arc traversait parfois le mur ; dans ce cas, il apparaissait sur le parement extérieur et formait un arc de décharge, qui protégeait le fenestrage.

Dès le XIIIe siècle, un type nouveau apparut, plus simple et plus rationnel ; c'est la fenêtre à croisée de pierre, la fenêtre dans laquelle un montant et une traverse se croisent, de façon à diviser la baie en quatre parties également larges, les deux parties supérieures étant sensiblement plus petites en hauteur.

La croisée forme un châssis de pierre avec feuillure. Traverse et montants sont fréquemment moulurés sur leur face extérieure : les moulures sont plus grasses pendant la période du gothique rayonnant, plus sèches durant la gothique flamboyant.

La Renaissance garda l'idée générale de la croisée gothique ; puis elle en modifia le style : on fit le montant et la traverse plus épais, au risque d'arrêter le jour ; l'encadrement prit une importance inconnue, avec pilastres, cariatides, etc..

On cessa, au cours du XVIe siècle, de bâtir des croisées de pierre : le XVIIe siècle le logeait plus dans ses grandes baies que des châssis de bois. L'encadrement, quand il y eut un, était délibérément classique, et comportait un fronton triangulaire ou courbe ou rompu ; mais dès le

XVIIe siècle et au XVIIIe, nombre de fenêtres civiles se présentent très simplement.

Bien des fenêtres n'étaient pas closes pendant les premiers siècles du Moyen Âge, ou bien on les fermait de tentures, de tissus épais.

À toutes les époques, pour boucher les baies sans arrêter complètement la lumière, on a pu se servir de toile et, depuis que le papier est connu, de papier huilé. Les volets, pleins ou ajourés, étaient fréquents.

Quelquefois, surtout dans le Midi, la fenêtre n'a pas d'autre fermeture ; plus souvent le volet est à l'intérieur d'un châssis vitré. Volet et châssis battaient dans une feuillure.

C'est seulement vers le XVe siècle qu'on a logé, dans les feuillures de la maçonnerie, des châssis dormants de menuiserie, sur lesquels étaient montés soit les volets de bois, soit les châssis ouvrants des vitrages sur plomb.

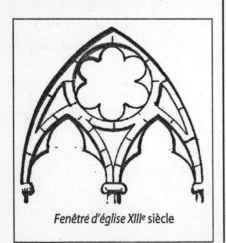

Fenêtré d'église XIIIe siècle

FENÊTRE D'ÉGLISE

Une fenêtre est une baie ouverte pour amener du jour ou de l'air dans une salle, quelquefois pour permettre de voir au dehors. La lumière introduite par une baie atteint plus ou moins loin vers l'intérieur suivant que la baie a plus ou moins de surface ; en conséquence, pour éclairer une salle vaste, il faut de grandes fenêtres, que de petites fenêtres plus nombreuses ne remplaceraient pas. Dans les pays méridionaux, les ouvertures sont de dimensions plus faibles, parce que la lumière du jour a un pouvoir plus éclairant et aussi parce qu'il est nécessaire de ne pas laisser entrer la chaleur. Pour aérer, il faut que les châssis soient mobiles. Si la fenêtre doit servir à regarder dans la rue, ce qui n'est guère le cas pour les fenêtres d'église, il est indispensable qu'elle soit près du sol et qu'elle s'ouvre aisément. Enfin, les fenêtres basses doivent être disposées de façon à ne pas donner accès aux assaillants et aux voleurs.

Il est de tradition que les fenêtres des édifices chrétiens soient couvertes d'un arc, au moins d'un arc simulé percé dans un linteau. Les fenêtres carrées appartiennent à l'architecture civile.

Pendant le haut Moyen Âge, les fenêtres des églises étaient de bonnes dimensions, assez hautes, larges et généralement garnies, soit de dalles ajourées, soit de châssis de bois vitrés. Elles

Fenêtre d'église ogivale

Fenêtre d'église Renaissance (La Ferté-Bernard)

étaient quelquefois ébrasées, c'est-à-dire qu'elles s'élargissaient, surtout vers l'intérieur, afin de laisser entrer plus de lumière.

Cet ébrasement fut de règle à l'époque romane ; des baies moyennement grandes et percées à angle droit auraient été, à travers ces murailles épaisses, absolument insuffisantes. Souvent, même l'ébrasement fut pratiqué sur les deux faces : à l'intérieur, les montants biais facilitaient l'introduction du jour ; à l'extérieur, l'appui incliné rejetait les eaux pluviales.

L'architecture romane rétrécit les fenêtres : des ouvertures aussi amples que celles de l'époque précédente auraient affaibli les constructions voûtées. Le Nord, qui ne jetait pas de voûte sur ses nefs, et une partie du Centre et de l'Ouest conservèrent les fenêtres larges. C'est surtout dans les absides que l'on trouve les belles et riches fenêtres de style roman.

Sous l'ère gothique, les baies augmentèrent peu à peu. Les premiers maîtres d'œuvre gothiques groupaient deux ou trois fenêtres et les surmontaient d'un œil-de-boeuf percé dans le mur.

À partir du second quart du XIIIe siècle, on voit à ces baies accouplées se substituer une grande baie divisée en deux par un meneau ; vers le haut de la baie, les meneaux s'incurvent pour dessiner des arcs brisés. L'armature métallique concourt à maintenir le tout.

Le dernier quart du XIIIe siècle orna le haut des fenêtres de triangles et de losanges ; dans ces triangles et ces losanges et dans les petits arcs furent inscrits des lobes à pointes aiguës.

Les maîtres d'œuvre gothiques modifièrent l'encadrement extérieur des fenêtres : de bonne heure, ils convertirent les colonnettes en des tores adhérant aux pieds-droits.

Depuis le milieu du XIIIᵉ siècle environ, des architectes ont monté au-dessus des baies un gâble. Le gâble ne tarda pas à prendre de l'importance : puis, il fut ajouré à l'excès ; vers la fin du style flamboyant, ses rampants dessinaient des courbes en accolade.

Les fenestrages gothiques sont souvent des chefs-d'oeuvre de coupe de pierre. La Renaissance, fidèle à son esprit, revint à des lignes plus simples.

Les XVIIᵉ et XVIIIᵉ siècles ont, dans maints édifices, percé de très larges baies sans meneau, où les châssis de pierre sont remplacés par les châssis de fer. Bien plus, on a, dans des chapelles annexes ou au Panthéon et à la Madeleine de Paris, supprimé les fenêtres elles-mêmes et pris le jour à travers les voûtes. Les fenêtres peuvent être accompagnées de frontons, de colonnes, de clefs saillantes, de guirlandes, de motifs empruntés au répertoire de la décoration classique.

FER-À-CHEVAL

Arc de cercle plus développé que le plein-cintre. Certains auteurs appellent arc outrepassé celui qui est plus développé que le plein-cintre et réservent le nom de fer-à-cheval à celui dans lequel les retombées sont à peu près rectilignes et ne continuent pas la courbe du demi-cercle.

FERME

La ferme est, dans une charpente, l'ensemble des pièces, arbalétriers, poinçon, etc. qui sont disposées dans un plan vertical et transversal.

FERRONNERIE

Il est difficile de dater avec certitude les œuvres les plus anciennes de ferronnerie. À l'âge roman, on a fait en ferronnerie des grilles, surtout des pentures, pièces de fer clouées sur le vantail et qui le suspendent au gond, et de fausses pentures. Les forgerons romans avaient un outillage très imparfait, mais du fer ductile et une merveilleuse dextérité. Très souvent, après avoir battu la barre et l'avoir aplatie, ils découpaient, le long des côtés, des brins plus ou moins larges qu'ils recourbaient en volutes.

Les forgerons gothiques perfectionnèrent les procédés ; ils se servaient de feuillages étampés pour terminer les tiges ou dissimuler les raccords. Vers le XVe siècle, ils firent largement usage du fer plat, de la tôle : les panneaux de tôles étaient repoussés, forés d'ajours, ou bien des morceaux plus petits étaient découpés en forme de feuilles et martelés, modelés au marteau. On employait aussi des baguettes tordues en spirales. Lorsque la ferronnerie fine devait être appliquée sur le bois, on interposait entre le fer et le bois une peau peinte au minium qui arrêtait la rouille et qui faisait valoir les découpures du métal.

Du XVIIe siècle, il nous reste notamment des balcons dont les panneaux sont garnis de feuillages opulents et encadrés de motifs géométriques. le XVIIIe siècle nous a légué d'admirables grilles et portes en fer forgé. La diffusion de la fonte ruina, au début du XIXe siècle, la ferronnerie.

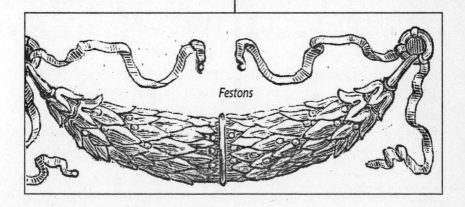

Festons

FESTONS

En architecture, les festons ou les contre-arcatures découpées sont de petits arcs en ogive ou subtribolés, des lobes et des dentelures qui décorent l'*intrados* des arcs ; les festons font leur apparition au XIIIe siècle.

On désigne sous le même terme des guirlandes de feuilles ou composées de fleurs et de fruits qu'on emploie dans la décoration.

FEUILLAGE

Presque tous les styles d'architecture ont utilisé les feuillages dans leur décoration. L'Antiquité a employé les feuilles d'acanthe, de palmier, de laurier, d'olivier, de lierre… ; le roman, le byzantin et le style ogival ont utilisé comme feuillage ornemental la vigne, le chêne, le chou frisé, le quinte feuille, la fléchière, les aroïdées, le persil, le mahonia, le bouillon blanc, le chardon… On a décoré de feuillages les chapiteaux, les archivoltes, les bandeaux, les corniches, les frises ; on a formé avec eux des crosses, des amortissements, des clochetons…

Voir **Végétal**.

FEUILLE DE REFEND

Feuille dont les bords sont refendus, entaillés de découpures profondes.

FEUILLURE

Entaille à deux plans pratiquée pour recevoir l'arête d'une autre pièce. La feuillure est triangulaire ; quand l'entaille est rectangulaire ou carrée, c'est plutôt une rainure (voir **Fenêtre**).

FILET

Synonyme de **listel** (voir ce mot). Petite moulure ronde ou rectangulaire qui en sépare deux autres plus saillantes et plus grandes ; le filet sépare encore les cannelures des colonnes.

FLAMBOYANT (STYLE)

Style d'architecture du XVᵉ siècle ainsi nommé parce que les meneaux et réseaux des fenêtres des monuments de cette partie de l'époque ogivale sont tourmentés comme des flammes véritables.

FLANQUÉ

Ce terme a deux sens : dans une fortification, un point est flanqué lorsqu'il est battu de flanc par un ouvrage voisin ; d'autre part, flanqué signifie garni sur les flancs, accompagné sur les flancs.

FLANQUEMENT

Tracé étudié pour que les défenseurs d'un fort puissent prendre l'assaillant en écharpe Aussi longtemps qu'a duré l'usage de préserver le flanc gauche de l'homme par un bouclier, on disposa le tracé de façon à battre le flanc droit, qui était plus vulnérable. On obtenait le flanquement de plusieurs manières. Le plan des murailles décrit parfois des sinuosités, la ligne rentrant sur les points les plus accessibles et les points les mieux défendus formant saillants. Ou bien, la ligne est brisée, à *crémaillères*. Ou bien encore elle pousse une pointe en dehors, un *redan* (ou redent). Le procédé le plus habituel de flanquement consiste à élever des tours le long des fronts.

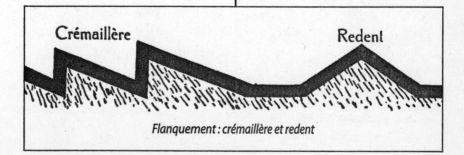

Flanquement : crémaillère et redent

FLÈCHE

Aiguille, pyramidale ou conique, généralement en bois ou en pierre, qui couronne un toit ou un clocher.

En architecture, hauteur de la clef de voûte. En géométrie, perpendiculaire abaissée du milieu d'un arc sur la corde qui sous-tend cet arc.

FLEURON

Pignons et **gâbles** (voir ces mots) portent souvent à leur sommet un ornement végétal en forme de bouquet : c'est le fleuron. Petite rose épanouie, placée au centre du tailloir des chapiteaux de certains ordres d'architecture. On donne le même nom à des panicules de feuillage qui couronnent les archivoltes des XIIIe et XIVe siècles ou qui surmontent des clochetons.

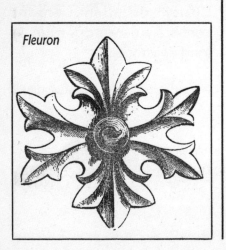

Fleuron

FLORE ARCHITECTURALE

Plantes et fleurs ont été fréquemment employées pour l'ornementation des édifices. Avec la tige et les racines, les feuilles, les fleurs, les fruits ou les graines ont concouru à la décoration. Les fleurs, dont les fidèles apportaient des bouquets, symbolisent la promesse de moissons, terrestres ou spirituelles, l'amour et la beauté.

Dans l'art roman, les sculptures de fleurs, sur les chapiteaux, peuvent avoir un "pouvoir" guérisseur identique à celui attribué à leurs tisanes et décoctions. Voir **feuillage** et **végétal**.

FONTAINE

Construction ou système hydraulique destiné à fournir de l'eau. Dans l'Antiquité, où les sources et les fontaines naturelles furent l'objet d'un culte religieux, on construisit autour de nombreux édifices.

FONTS BAPTISMAUX

Sorte de cuve élevée au-dessus du sol servant à administrer le baptême par aspersion. Primitivement, on baptisait par immersion dans les piscines, comme Clovis et les Francs de sa suite qui se convertirent le furent à Reims.

FORÊT

Ce terme sert à désigner les énormes charpentes des combles de cathédrales, à cause de la grande quantité des pièces de bois qui entrent dans leur construction.

FORTIFICATIONS

Durant la longue paix romaine, les villes de la Gaule n'étaient pas fortifiées ; ainsi s'explique la facilité avec laquelle les Barbares traversèrent le pays au IIIe siècle. Pour résister aux invasions futures, on réduisit l'étendue des villes et on les enferma dans des murailles faites de débris des édifices renversés.

Arriva le Moyen Âge. La France fut divisée en une foule de petites seigneuries indépendantes et ennemies, les places de peu d'importance se multiplièrent. C'est le temps des châteaux forts, des maisons fortes. Dans les villes, on arma les quartiers l'un contre l'autre et même des maisons urbaines furent munies de défenses contre la rue.

Après l'époque romaine et jusque vers le XIe siècle, les fortifications étaient légères et il n'en reste à peu près rien. L'art de l'ingénieur militaire profita, pendant les Croisades, des leçons de l'Orient. Enfin, l'attaque et la défense des places se perfectionnèrent sous l'action des grands hommes de guerre du temps : le duel épique engagé, à la fin du XIIᵉ siècle, entre Philippe Auguste et Richard Coeur-de-Lion marque dans l'histoire de l'architecture une date mémorable.

Les progrès du pouvoir royal devaient fatalement amener la ruine des petites places : au XVIIᵉ siècle, les châteaux furent démantelés, détruits. On ne protégea que les villes, les villes frontières surtout, ou les positions stratégiques importantes. Il faut toutefois compter avec les exceptions : sur le littoral méditerranéen, par exemple, les populations durent avoir, jusqu'à la prise d'Alger en 1830, des lieux de refuge pour se défendre contre les pirates barbaresques.

La fortification a un double rôle, passif et actif : elle est un obstacle à l'attaque, elle met en valeur la défense. Lorsque l'ennemi ne pouvait pas forcer la porte ou l'enlever par surprise, ni atteindre les remparts à l'aide d'échelles, il investissait la place. Un siège en règle comprenait, de la part de l'assiégeant, une double ligne : *contrevallation* pour résister aux assiégés, *circonvallation* pour faire front du côté de la campagne aux armées de se-

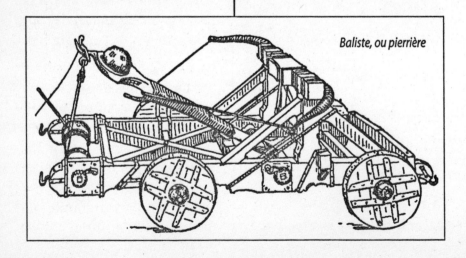

Baliste, ou pierrière

cours. Ainsi couvert, l'assaillant menait ses travaux.

Dans certains cas, il construisait des **beffrois**, tours roulantes munies d'un pont-levis à leur partie supérieure et revêtues de peaux fraîches. Il poussait le beffroi sur le fossé préalablement comblé et abaissait sur les murs le pont-levis, par lequel s'élançait la colonne d'assaut.

Parfois, on faisait brèche dans les murailles, soit en les sapant, soit en ébranlant les maçonneries. Le mineur ou le pionnier avançaient, le premier sous terre, le second sous une galerie de madriers ou sous un abri quelconque; ils attaquaient le mur, étayant par des poteaux enduits de matières inflammables, et ils mettaient le feu : le mur croulait. Pour ébranler et ruiner les maçonneries, on se servait du **bélier** (voir ce mot) ou des machines de trait. Le bélier était une grosse poutre armée d'une tête de métal; cette poutre était logée dans un abri mobile et suspendue au faîte de l'abri; on la ramenait en arrière à force de bras et on la poussait violemment contre la muraille.

Quand aux machines de trait, elles étaient de plusieurs systèmes. Les unes avaient une longue flèche, terminée d'un bout par une fronde, de l'autre par un contrepoids. Dans le *trébuchet*, le contrepoids était articulé; dans le *mangonneau*, il était fixe et une équipe en augmentait la force par une traction vigoureuse. Trébuchet et mangonneau lançaient surtout des boulets de pierre. Le grand inconvénient de ces deux engins consiste en ce qu'ils ne pivotent pas; le plan du tir est invariable.

D'autres machines étaient à ressort : dans la *pierrière* ou *baliste*, l'extrémité libre de la verge était façonnée en cuiller, sur laquelle on posait un boulet de pierre; à la suite du déclic, la verge heurtait avec force un butoir et le boulet continuait suivant sa trajectoire. *L'arbalète à four* était simplement une arbalète de fortes dimensions, montée sur affût et lançant de gros traits. La *catapulte* avait un ressort en bois vert.

L'artillerie à feu ne réalisa pas d'abord un très sensible progrès : les boulets en pierre, dont la portée était fort médiocre, se brisaient contre les parements. La substitution des projectiles en fer aux projectiles en pierre, à la fin de la guerre de Cent Ans, fut autrement importante que l'emploi de la poudre à canon comme moyen de propulsion.

Le XVIe siècle imagina les tourbillons, qui facilitent le pointage, et l'affût sur roues, qui donne à l'artillerie plus de mobilité. Il fallut dès lors changer les dispositifs de la défense.

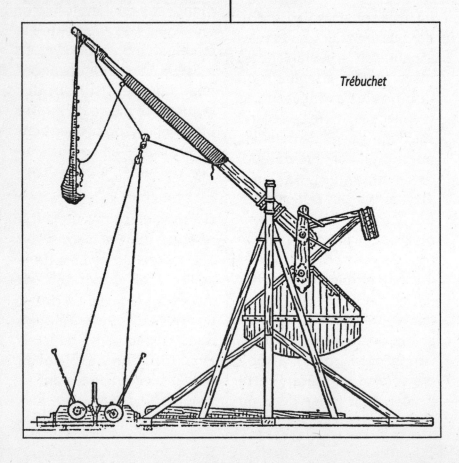

Trébuchet

Armes portatives de trait : *l'arc*, plus léger et beaucoup plus rapide, lançait des flèches empennées, à la volée ou de plein fouet; *l'arbalète*, que l'on bandait avec une mécanique, tirait des carreaux; *l'arquebuse* fut en usage dès le XVᵉ siècle et le mousquet depuis le XVIIᵉ siècle. Ces engins servaient à la défense, aussi bien qu'à l'attaque.

On choisissait pour les forteresses une assiette défendue par des obstacles naturels, rivières, pentes abruptes, etc., et qui dominait les environs. On garnissait cette position d'une enceinte et on protégeait cette enceinte elle-même par des ouvrages avancés, destinés à briser l'élan des assaillants, à les tenir le plus longtemps possible sur un terrain découvert, exposés aux coups de la garnison.

Les fossés, pleins ou secs, *revêtus*, c'est-à-dire maçonnés, ou non revêtus, avaient, en outre, pour but de rendre plus difficiles les travaux de mine. On appelle *escarpe*, le talus des fossés du côté de la place et *contre-escarpe*, le talus opposé. Un chemin de ronde était fréquemment ménagé entre l'escarpe et le pied du mur et sur l'arête de l'escarpe on plante une barrière, que l'on appelle *lices*. Ce nom s'étendit au chemin de ronde lui-même. On fit d'autres barrières en avant du corps de la place, de même que des terrassements et des ouvrages maçonnés.

Mais il fallait prévoir que l'ennemi emportant ces lignes successives, s'approcherait de la muraille et donnerait l'assaut. Le tracé était étudié pour qu'à ce moment décisif les défenseurs pussent prendre l'assaillant en écharpe; c'est le **flanquement** (voir ce mot). La **courtine** (voir ce mot) est la portion de mur, dans une fortification, comprise entre les tours. Les tours peuvent être carrées ou rondes. *La tour carrée*, plus en faveur dans le Midi, donne prise au bélier;

de plus, elle défend mal ses angles et elle est mal défendue par les courtines. *La tour ronde* souffre moins du choc des béliers : sous les coups, les blocs, qui sont taillés suivant les rayons de la courbe, se coincent et ne se disloquent pas. Les feux divergents de la tour couvrent les approches. Enfin, l'angle mort est plus réduit.

À l'arrière, les tours peuvent s'ouvrir ou non sur la place ; on dit, suivant le cas, qu'elles sont ouvertes à la gorge ou fermées à la gorge. La tour fermée à la gorge a cet avantage que, si l'ennemi fait brèche dans la tour, il est néanmoins arrêté par le mur de fond et, même s'il est maître de la place, la tour peut résister encore.

Tour et courtine
(époque romane)

Les ouvrages avancés sont les *barbacanes*, les *châtelets*, les *bastilles*. La barbacane est une tour ou une moitié de tour, basse, large, qui couvre un point faible, comme une porte ou la tête d'un pont. Les *souterrains* facilitaient la sortie des assiégés ou, au contraire, leur retour dans la place.

Jusqu'au XVIe siècle, il est de règle que l'intérieur commande l'extérieur : si l'ennemi parvient à forcer une première ligne, il reste sous les coups de la ligne suivante.

Pendant longtemps, on entoura les places secondaires non pas de murs, mais de fortifications non maçonnées, épaulements de terre, palissades. En général, ces moyens de défense sont réservés pour couvrir les abords du front, le corps de la place étant ceint d'une muraille.

Cette muraille est épaisse : le sommet présente, pour l'assiette des machines de guerre et la circulation des défenseurs, un terre-plein qui est abrité par un parapet. En arrière de la muraille circule la rue du rempart, laquelle est ordinairement au-dessus du niveau de la campagne.

Les deux parements de la muraille sont de maçonneries soignées. Les joints sont fins, notamment au XIIIe siècle, afin que le pic y morde plus difficilement. Quant à la masse du mur, elle peut être assurée contre l'ébranlement par un chaînage de poutrelles noyées dans l'épaisseur. L'emploi des tours roulantes obligea les ingénieurs du XIIIe siècle à faire des murailles plus élevées.

Le parapet était crénelé. On appelle **créneau** (voir ce mot) le vide découpé dans la partie haute du mur. Les créneaux sont quelquefois remplacés par des baies qui n'atteignent pas le sommet du mur et qui peuvent être fermées par un volet s'ouvrant du bas. Depuis le XIIe siècle, des *archères* ou **meurtrières** (voir ce mot) étaient pratiquées dans le merlon : c'étaient des rainures permettant le tir de l'arc ou de l'arbalète. Les meurtrières des fortifications romaines sont de larges baies, pareilles à des fenêtres.

Il était, malgré tout, impossible d'atteindre sans se découvrir un ennemi placé au pied du mur. Il faillait pour cela un tir vertical. On l'obtint en reportant le parapet un peu en avant de la muraille : entre celle-ci et celui-là, on laissait béants des vides ou **mâchicoulis** (voir ce mot), par où tombaient les projectiles ; suivant leur éloignement du mur, les projec-

Hourd

tiles pouvaient heurter un empattement en talus et ricocher, battant une zone en avant du pied de la muraille.

Les premiers parapets en saillie furent de bois et démontables : des trous et des corbeaux étaient disposés pour établir, en ca d'alerte, des galeries de charpente, qui sont les **hourds** (voir ce mot), les hourdages ; les hourds furent en usage dès le XIe siècle.

Les fenêtres étaient rares sur le dehors, étroites et haut placées. Quant aux meurtrières, on les répartissait à tous les niveaux et dans tous les sens, de telle sorte que les défenseurs eussent des vues sur tous les abords. Le bas de la fente s'élargit pour augmenter l'angle du tir ; la plongée, surtout dans les archères hautes, est très inclinée. Depuis le début du XIVe siècle, l'habitude s'introduisit d'échancrer ces rainures non plus seulement en bas, mais en haut et au milieu. L'échancrure du milieu servait pour tirer de but en blanc et celle du haut pour tirer à la volée : la flèche montait, puis descendait brusquement suivant une ligne presque verticale et avec une grande force de pénétration.

Ces meurtrières étaient précédées, du côté intérieur, par une niche où le tireur se plaçait mais qui affaiblissait beaucoup la construction.

Les moyens de défense sont particulièrement accumulés dans les **tours** (voir ce mot), tours de flanquement, tours-réduits qui s'appellent les **donjons** (voir ce mot).

Les tours sont creuses, à cela près que l'on a fait parfois le rez-de-chaussée massif. Ces rez-de-chaussée pleins résistent mieux à la mine ; par contre, ils rendent plus malaisées les manœuvres de contre-mine. D'autre part, on a utilisé les sous-sols des tours pour y loger des caves, des citernes, des latrines, quelquefois des glacières ou des cachots : les *oubliettes*, où l'on aurait abandonné les prisonniers, paraissent être un mythe.

Même dans les tours rondes, les salles sont souvent carrées ou polygonales, parce que ces plans se prêtent mieux à la construction des niches et des voûtes. Les voûtes, en effet, sont de règle dans les étages bas, depuis le XIIe siècle environ.

Quelques tours s'ouvraient sur le dehors par des poternes, qui servaient aux sorties. On accédait plutôt dans les tours, soit des courtines, soit de l'intérieur de la place, par une porte élevée au-dessus du sol et que desservait une échelle à main. On ne

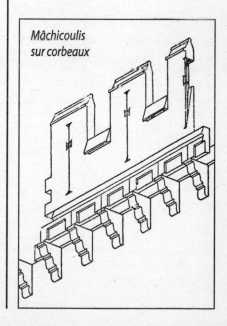

Mâchicoulis sur corbeaux

montait pas toujours directement d'un étage de la tour à un autre. Il est des tours divisées en deux dans le sens de la hauteur, la moitié haute communique avec une partie de la forteresse, - par exemple, le rempart, - et la

Pont-levis à bascule

moitié basse avec une autre partie, - comme la rue du rempart ou une cour.

Les escaliers pouvaient aussi être brisés : la personne qui montait ou descendait devait à mi-hauteur de la tour, traverser une salle de garde et se faire reconnaître. ou bien les escaliers conduisaient à des culs-de-sac, à des précipices où l'assaillant emporté par son élan devait se jeter.

La couverture est tantôt une terrasse, tantôt une toiture conique plus ou moins aiguë, qui, depuis le XIVe siècle, peut être posée non pas directement sur la tour elle-même, mais sur une tourelle plus étroite qui continue la tour.

Les **échauguettes** (voir ce mot) sont des bouts de tourelle plantés sur un contrefort, sur un angle. Les échauguettes concourent à la surveillance et au flanquement. Quant aux *bretèches*, ce sont des logettes accolées à un mur, posées sur des corbeaux et percées de meurtrières sur les faces, de mâchicoulis par en bas. Elles ont surtout pour fonction de défendre l'accès des portes.

Les portes, en effet, ont été l'une des préoccupations de l'ingénieur militaire du Moyen Âge. Les Romains s'attachaient moins à les défendre, davantage à les embellir. Les portes des villes gallo-romaines ont une grande baie ou deux, et quelquefois des baies plus petites pour les piétons ; au-dessus, une galerie correspond aux terre-pleins des courtines. le tout est souvent d'architecture soignée, avec ordres et pilastres. Les portes du Moyen Âge se présentent sous un aspect rude. Elles consistent en un couloir bas, étroit, coupé par des chaînes, par de vigoureux vantaux de bois, par des herses et battu par des mâchicoulis qui traversent la voûte.

Sur le fossé est jeté un pont-levis, qui, en se relevant, ferme l'ouverture extérieure. Le pont-levis est souvent à bascule depuis le XIVe siècle. Si le fossé est large, ce pont-levis se raccorde à un pont fixe, que l'on peut faire sauter au besoin. À droite et à gauche, deux tours très fortes. Elles sont reliées par un ou deux étages de salles, dans lesquelles se tiennent les équipes chargées de manœuvrer la herse et le pont-levis et de servir les mâchicoulis. Tours et corps central sont couronnés d'un crénelage continu. Le tout constitue une forteresse, qui peut tenir encore lorsque le reste de la place a été emporté. Des portes de ville ont un four en prévision des sièges.

Fortification,
1500 environ
(Château
de Salces).

Des portes moins défendues traversent une tour carrée ; le passage est quelquefois coudé. Les abords des portes sont étudiés. C'est ainsi que le chemin d'accès longe les murs de préférence à droite, pour que l'assaillant prête aux coups le côté qui n'est pas protégé par le bouclier.

Du jour où l'artillerie à feu devint redoutable, on s'en servit pour la défense aussi bien que pour l'attaque. Sur les terrasses, on installa des batteries à feu plongeant ; dans quelques tours casematées on logea des pièces pour le tir rasant.

Cette combinaison offrait de multiples inconvénients : les casemates s'emplissaient de fumée ; les batteries hautes, à l'étroit, très exposées, ébranlaient les maçonneries. Les ingénieurs prirent le parti d'enfoncer dans le sol les ouvrages, qui reçurent des aménagements nouveaux : en avant des fossés, on disposa des terrassements en glacis, qui masquaient les murailles, d'ailleurs épaisses

et résistantes. Ces murailles dessinaient, aux angles, des tours basses, larges et rondes ; sur les fronts, devant les portes, etc., étaient des boulevards à éperon, également peu élevés. Des échauguettes convenablement placées et des casemates, avec des embrasures pour la couleuvrine, enfilaient les fossés.

Tel est le type du très curieux château de Salses (Pyrénées-Orientales) qui fut commencé en 1497 ; dans ce remarquable ouvrage, le parapet, devenu plus épais, se relève par places pour abriter les défenseurs contre les coups partis d'une hauteur voisine.

Puis, on rempara les murailles, c'est à dire qu'on les soutint en arrière par des épaulements de terre qui fournissaient aux canons une large plate-forme. Les tours basses étaient trop étroites pour loger un nombre suffisant de pièces ; après des essais, on leur substitua les bastions : on maintint en avant des courtines, des ouvrages détachés qui sont appelés suivant leur tracé, des ravelins, des demi-lunes, des tenailles, etc.

Le **bastion** (voir ce mot) a deux faces et deux flancs : l'avant de chaque face est enfilé par le flanc du bastion voisin ; le pied de chaque flanc est battu par le flanc opposé. Le feu des faces est dirigé sur la campagne ; le feu des flancs attend la colonne d'assaut dans le fossé.

Quelquefois la face dépasse l'alignement du flanc et couvre celui-ci d'une avancée, qui est l'orillon. Enfin, on dispose sur les remparts des levées de terre, cavaliers pour donner plus de commandement aux batteries de la place, traverses pour arrêter les coups d'enfilade.

Ce système du front bastionné, imaginé durant la seconde moitié du XVIe siècle, fut appliqué et perfectionné par Vauban (1633-1707) dans les nombreuses fortifications qu'il construisit sur nos frontières pour Louis XIV.

Mais l'assiégeant, à l'abri dans ses tranchées, approchait assez pour prendre à dos les défenseurs des bastions. Un officier de cavalerie, le marquis de Montalembert, proposa, vers le milieu du XVIIIe siècle, de supprimer les bastions et d'assurer le flanquement par des ouvrages bas, placés dans les fossés et que l'on appelle des *caponnières*. Le front débarrassé des bastions devenait un polygone, d'où le nom de *tracé polygonal*. Le système polygonal ne fut adopté qu'à la Révolution.

FOUET

Au Moyen Âge, on nommait *flagellum* ou *tymbalum* une sorte de carillon à main composé de clochettes attachées à des baguettes de fer auxquelles elles étaient suspendues chacune par un anneau. Quand on secouait l'instrument, ces clochettes produisaient une sonnerie.

FOUILLES

En archéologie, ensemble des opérations visant à mettre à jour des vestiges enfouis dans le sol, des ruines ensevelies.

FOYER

Le foyer est proprement la partie de la cheminée qui est en avant de l'âtre, en dehors des jambages.

FRESQUE

Peinture appliquée sur enduit frais. — Ne pas donner indistinctement ce nom à toutes les peintures murales.

FRETTE

Ornement qui consiste en deux séries d'éléments, les uns longitudinaux posés suivant deux lignes parallèles, les autres transversaux reliant deux à deux les premiers, le tout décrivant une ligne brisée.

FRIGIDARIUM

Chez les Romains, salle pour les **bains** froids (voir ce mot).

FRISE

Dans l'architecture classique, la frise est l'assise de l'entablement qui est entre l'architrave et la corniche. Par extension, on appelle de ce nom une bande horizontale, unie ou décorée et assez large.

Cheval de frise (de Frise, province flamande) : pièce de bois ou de métal hérissée de pointes, placée à l'avant des retranchements.

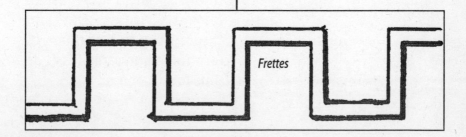

Frettes

FRONTISPICE

Principale façade d'édifice. Portail décoratif d'une façade.

FRONTON

La rencontre de la façade et du toit détermine, dans l'architecture gréco-romaine, un triangle. Ce triangle est délimité par la corniche horizontale posée sur la frise et par les deux corniches obliques : il s'appelle le fronton. L'architecture romaine et la Renaissance ont déformé le fronton et l'ont employé à des usages non prévus par les Grecs : les frontons modifiés peuvent être arrondis, ou brisés avec des tronçons terminés en volute. Le fronton est, au XVIIᵉ siècle, devenu un motif d'ornementation que l'on accroche partout, sur les niches, sur les baies, etc. L'intérieur du fronton se nomme **tympan**. (voir ce mot)

Fronton gréco-romain

FRUIT

Obliquité du parement extérieur, par suite de laquelle le mur s'amincit en montant. Une obliquité analogue sur le parement intérieur s'appelle *contre-fruit*. Des auteurs donnent le nom de contre-fruit au surplomb.

FÛT

Corps de la colonne, compris entre la base et le chapiteau.

Les **cannelures** (voir ce mot), sans être aussi constantes que chez les Grecs, sont aussi de règle chez les Romains, qui les ont garnies de ciselures. Les cannelures permettent à l'œil de mieux apprécier la forme circulaire de la colonne. Les fûts du Moyen Âge sont habituellement lisses. Au XVIᵉ siècle, Philibert Delorme imagina l'ordre français, dans lequel les colonnes sont faites de tambours cannelés et d'autres tambours non cannelés et de plus fort diamètre.

Fûts du portail roman de Saint Hilaire de Foussay (Deux-Sèvres)

GÂBLE

Le gâble est un mur léger, triangulaire comme le pignon, mais qui ne répond pas à la coupe transversale d'un toit. Le gâble est posé au-dessus d'une baie, qu'il enveloppe et dont il affirme l'importance, tout en donnant peu de mouvement dans les lignes de l'édifice.

Les premiers gâbles sont romans. Au XIIIe siècle, on décore les gâbles de trèfles ou d'autres figures, après 1250, on les ajoure. Le gothique finissant a fait des gâbles très compliqués, dont les rampants prennent parfois des formes infléchies. Les gâbles sont percés de rosaces, flanqués de clochetons, surmontés d'une statue… ; leur ornementation, fort riche, les distingue des simples **pignons** (voir ce mot).

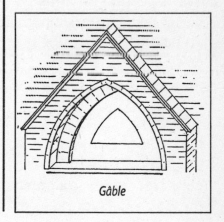

Gâble

GAINE

La gaine est une sorte de pilier s'amincissant vers le bas et qui porte soit un chapiteau, soit une statue incomplète, le haut du corps à partir du ventre, ou le buste avec ou sans bras, ou la gorge et la tête, ou la tête ; les pieds apparaissent quelquefois au bas de la gaine. Comme les cariatides et les atlantes, les gaines ont été systématiquement abandonnées durant le Moyen Âge ; mais le XVIe siècle et les siècles suivants en ont produit. L'Empire a fait, dans l'ameublement, un grand nombre de gaines. Les gaines peuvent servir de piédestal, de balustre, supporter un balcon, flanquer une porte, etc.

GALBE

Ensemble des contours, de la silhouette d'un membre d'architecture, principalement du fût de la colonne. C'est aussi le chantournement d'un vase, d'une console, d'un balustre.

GALBÉ (ÉE)

Ce terme a deux significations distinctes : il signifie qu'un objet n'est pas rectiligne, ou qu'il est simplement ébauché. Le fût d'une colonne est galbé quand il est renflé dans son milieu ; une feuille, une crosse sont galbées si elles ne sont qu'ébauchées, ou si leurs contours sont fortement accusés.

GALERIE

Lieu couvert, beaucoup plus long que large. Sorte de tribune située au-dessus des bas-côtés et qui a des baies sur la nef.

GALLO-ROMAIN

En 125 avant Jésus-Christ, les Romains, appelés par les habitants de Marseille, occupèrent le pays entre les Cévennes et les Alpes ; la conquête de l'ensemble de la Gaule par César se place entre 58 et 53. La paix romaine (*pax romana*) couvrit la Gaule d'édifices innombrables. Vers la fin du IIIe siècle, à la suite d'une première invasion barbare, les provinces de l'intérieur, jusqu'alors mal défendues, se hérissèrent d'enceintes et de forteresses ; les villes se resserrèrent à l'abri des mu-

Intérieur du temple de Diane, à Nîmes

railles construites avec des débris des palais et des temples. L'architecture de ce temps porte l'empreinte du génie de Rome, fait de force et d'esprit pratique. Les Romains étaient conquérants et organisateurs. Les Grecs avaient surtout élevé des temples ; les Romains firent des routes, des ponts, des aqueducs, des thermes, des amphithéâtres. Les premiers furent architectes et les seconds ingénieurs.

Les monuments romains témoignent d'une imposante grandeur. Ils attestent aussi d'une adaptation étonnante des moyens au but. Dans les thermes notamment, tout est disposé en vue de la commodité des services et pour la solidité de la construction : les petites salles sont utilisées et elles sont groupées autour des grandes, de façon à épauler les voûtes de ces dernières.

Enfin, l'art gallo-romain reflète l'organisation sociale, une forte centralisation, des ressources immenses en bras, grâce aux corvées, en matériaux, à cause de l'excellence des chemins.

Intérieur d'une boutique gallo-romaine, d'après un bas-relief retrouvé à Dijon.

Les Gallo-romains construisaient de vastes monuments avec un petit nombre de maîtres ouvriers, qui élevaient l'ossature ou dirigeaient le reste du personnel. On a pu comparer ces chantiers aux grands chantiers de chemin de fer ou de barrages : quelques ingénieurs appliquant des formules à peu près uniformes, une poignée d'ouvriers spécialisés, enfin des chefs d'équipe commandant à de très nombreux manœuvres.

Une pareille organisation entraînait une extrême division du travail : les uns construisaient, les autres décoraient. Ainsi les Romains furent poussés à séparer ces deux aspects de l'art de bâtir ; la décoration consistait en des revêtements plus ou moins luxueux, sous lesquels ils dissimulaient la construction fruste. Cette conception permettait d'élever d'immenses édifices en matériaux qu'il était facile de transporter, de tailler et que l'on habillait ensuite de placages.

GALONS

Ornement d'architecture qui imite une bandelette d'étoffe, une bande garnie de perles. Les galons forment toujours des entrelacs.

GARGOUILLE

Ce nom s'applique particulièrement aux dégorgeoirs formés d'une pierre saillante et qui rejettent les eaux pluviales recueillies dans les chéneaux, notamment gothiques.

Pendant l'époque ogivale, les visages grotesques des gargouilles étaient destinés à repousser à l'extérieur de l'édifice les énergies néfastes.

GAUCHE

Dans un édifice traditionnel orienté vers l'est, ce qui est du côté gauche, au nord, est lunaire. C'est le lieu de l'enseignement et du baptême. À partir de la Renaissance, cette disposition orientée selon la marche de la lumière n'est plus respectée.

Symboliquement, la main gauche reçoit et la main droite donne. À gauche est la connaissance et à droite l'activité. Voir **Droite**.

GIRON

Face horizontale d'une marche d'escalier. C'est la face sur laquelle on pose le pied. Partie horizontale d'une marche. Le pan vertical est appelé *contremarche*.

GLACIS

Voir **Talus**.

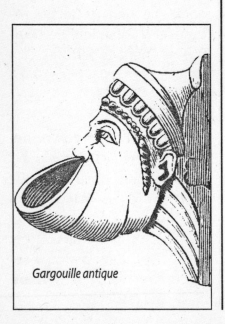

Gargouille antique

GLOIRE

Soleil en bois doré qui décore des fonds d'autels, de chœurs… Auréole qui entoure la tête des saints, dans l'art chrétien (voir **nimbe**).

GODRON

Ornement en relief, sorte de renflement ressemblant à un œuf allongé et qui est posé verticalement ou de biais. Dans l'architecture romane, les godrons sont des troncs de cône, droits ou obliques, la base en haut et groupés en faisceau.

GOND

Pièce coudée fixée dans la muraille et sur laquelle la porte pivote par le moyen de la penture. Tantôt la penture se termine par un œil dans lequel s'engage l'extrémité du gond et tantôt c'est le gond qui est perforé et le bout de la penture qui est en saillie.

GORGE

Moulure courbe concave, creusée en demi-cercle, unie ou décorée...

GOTHIQUE (ART)

Gothique vient de *Goth*, tribu germanique du VIe siècle; les érudits de la Renaissance, férus d'antique, baptisèrent ainsi cet art qu'ils considéraient comme *barbare*.

L'architecture gothique s'élabora dans l'Ile-de-France; sa propagation est due en partie, comme celle du français, à la suprématie de la royauté.

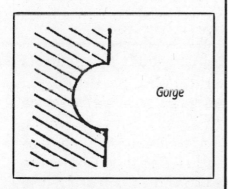

Gorge

La direction des chantiers avait changé de mains; l'architecture romane correspond à l'apogée des ordres religieux, elle est plutôt monastique; les grandes cathédrales gothiques, contemporaines des communes, ont été bâties par des maîtres d'œuvre laïcs.

L'âge roman a surtout laissé des églises régulières; l'âge gothique, des églises séculières. L'homme qui a le plus fait pour le succès de la formule nouvelle était un moine, Suger, abbé de Saint-Denis, et conseiller écouté de Louis VI le Gros.

On appelait les arcs qui portaient la voûte des *arcs ogifs*, des *ogives*, du mot *augere*, augmenter, renforcer. Les ogives entrecroisées formaient la *croisée d'ogives*.

Ogives qui constituaient une ossature, sur laquelle on po-

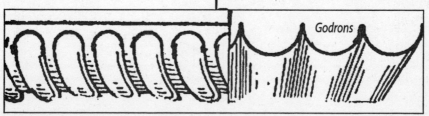

Godrons

sait des panneaux de remplissage en pierres minces et légères. Les poussées étaient diminuées ; de plus, elles étaient reçues par l'ossature, qui les transmettait à des organes de butée, piles et contreforts, convenablement répartis et consolidés.

Les ogives et les piliers sont l'armature de l'édifice gothique ; les autres maçonneries, assimilables à des tentures, servent à clore l'édifice, mais non pas à en assurer la stabilité. Le constructeur peut les percer ou même les supprimer et transformer le vaisseau de pierre en une cage de verre. L'ogive s'adapte avec une souplesse précieuse aux combinaisons les plus diverses ; certaines voûtes de bas-côtés tournants sont sur trois branches d'ogives ; des travées de nefs champenoises ont des voûtes à huit branches...

On en vint à combiner quelquefois les ogives avec des

Voûte d'ogives

voûtes plates, des plafonds, que les ogives soutenaient.

L'un des principaux avantages de la croisée d'ogives, c'est que la poussée n'est pas diffuse; elle suit les **nervures** (voir ce mot), d'où il résulte que le constructeur la maîtrise avec une facilité relative.

Les clefs des croisées d'ogives étaient habituellement décorées de feuilles, de petits personnages, de blasons. Des angelots, la tête en bas, semblent quelquefois descendre le long de la clef, qu'ils tiennent de leurs mains. Les clefs pendantes très développées sont fréquentes dans les croisées d'ogives des XVe et XVIe siècles.

À la rencontre des voûtes, surtout de deux voûtes pareilles entre elles, les poussées contraires se résolvent en une pesée verticale. Ainsi s'explique l'extraordinaire élancement de certaines colonnes gothiques : étant uniquement soumises à une force de compression et non pas à une force de renversement, ces colonnes peuvent avoir un très petit diamètre, à condition qu'elles soient de pierre très dure.

Lorsque la poussée atteint un mur, le constructeur la neutralise au moyen d'organes de butée, de contreforts. Tandis que, dans les édifices romans, le mur est épais et le contrefort plat, dans les constructions gothiques, le mur est mince et le contrefort très saillant.

Les contreforts romans se terminent d'ordinaire en un glacis, d'une pente plus ou moins raide. Les contreforts gothiques ont plutôt un couronnement à deux versants; vers la fin de cette période gothique, le haut du contrefort est souvent de section triangulaire, de façon à éviter les ombres portées qui tombaient sur les vitraux.

Quand il s'agissait d'épauler la voûte d'un vaisseau bordé de bas-côtés, des contreforts saillants appliqués contre les parois de ce vaisseau auraient encombré les bas-côtés. On rejetait donc les contreforts à l'extérieur de ces bas-côtés ; puis, entre le mur à contenir et le contrefort, on bandait un **arc-boutant** (voir ce mot), qui neutralisait ou qui transmettait au contrefort les poussées de la voûte.

Pour empêcher le chaperon oblique de l'arc-boutant de glisser et de tomber, on ménage à la naissance un arrêt horizontal et on le leste d'un **pinacle** (voir ce mot). L'arc-boutant concourt à l'évacuation des eaux de pluie. La cor-niche gothique est équipée d'un chéneau ; elle est creu-sée, par-dessus, en un canal qui recueille les eaux des toitures ; ces eaux sont conduites dans une rigole qui suit le chaperon des arcs-boutants et elles arrivent à une **gargouille** (voir ce mot) qui les rejette loin du parement. Ces chutes d'eau, incommodes pour les passants, dangereuses pour les maçonneries voisines, qu'elles dégradaient, ont été souvent supprimées par la suite.

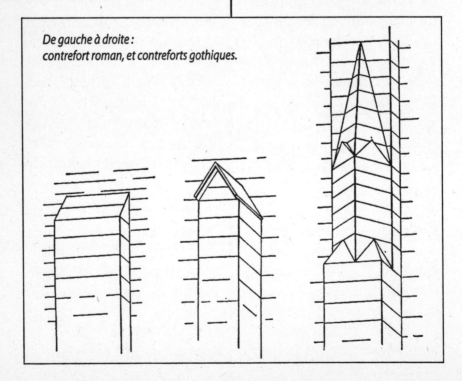

De gauche à droite : contrefort roman, et contreforts gothiques.

L'arc brisé, en usage dès la fin de l'époque romane, voit son emploi généralisé à l'époque gothique. On le retrouve aux fenêtres, par exemple.

L'arc brisé est plus ou moins aigu. Ses variantes sont surtout décoratives : ainsi l'*arc trilobé* ou *tréflé* et l'*arc en accolade*. (voir **Arc**).

L'emploi de la croisée d'ogives eut des conséquences importantes : les édifices furent plus vastes ; ils furent plus clairs. Les murs pleins firent place à des arcs, et arcs d'encadrement des fenêtres. S'il était aisé de faire les murs courbes, il était moins facile de conduire des arcs suivant ce même plan ; on substitua donc aux tracés courbes, aux salles rondes, aux absides semi-circulaires, des tracés polygonaux, des salles et des absides à pans coupés.

GOTHIQUE (PÉRIODES DE STYLE...).

Caractéristiques des grandes églises gothiques :

Gothique primitif (1140 - 1200) : fréquemment voûtes sexparties sur la nef ; construction un peu massive ; tribune ample ; fenêtres petites ou à remplages maçonnés ; motifs de décoration en partie romans ; feuillages gras ; sculpture large, ferme. Noyon, Laon, Sens, Paris.

Gothique à lancettes (1200-1250) : exagère les hauteurs ; triforium réduit ; fenêtres importantes, à remplage plus léger ; sculpture plus fouillée. Chartres, Reims, Amiens, Beauvais, Sainte-Chapelle de Paris.

Gothique rayonnant (1250-1400) : proportions moins élancées ; piliers plus découpés ; remplage plus compliqué ; gâbles ; sculpture moins monumentale. Sées, Metz, Strasbourg, Bordeaux, Saint-Ouen de Rouen.

Gothique flamboyant : nefs et fenêtres plus larges; le triforium disparaît ; voûtes à nervures secondaires et à clefs pendantes; arcs à quatre centres et arcs en accolade; chapiteaux souvent supprimés; profils secs, prismatiques; feuillages épineux, flétris; statuaire réaliste.

GOUJON

Tige de métal, de bois, etc., dont les deux bouts s'engagent dans deux pièces, de façon à les maintenir.

GOUSSET

Pièce de bois placée diagonalement entre deux maîtresses pièces dans une enrayure. — *Placer en gousset* équivaut à placer diagonalement dans un angle.

GOUTTES

Petits ornements en forme de troncs de cône ou de troncs de pyramides qui sont sculptés sous le plafond de la corniche ou sous les triglyphes dans l'entablement dorique (voir ci-dessous).

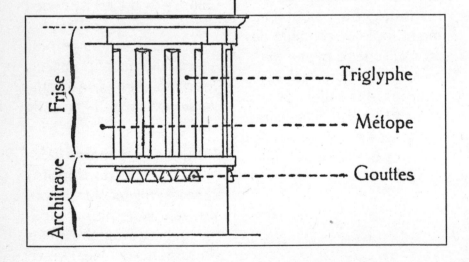

GOUTTEROT / GOUTTEREAU

Mur qui reçoit la gouttière du toit ; plus spécialement, la partie haute du mur perpendiculaire aux fermes.

GRAIN D'ORGE

Moulure qui a en creux le profil que le listel biais présente en saillie. C'est une cannelure triangulaire.

GRADIN

Marche formant étagère, sur un autel. Escalier menant au temple. Degré servant de sièges dans les théâtres et amphithéâtres.

GRAVIER

Voir **Sable**.

GRECQUE

Voir **Méandre**.

GRIFFE

Ornement placé sur l'angle supérieur du socle et qui relie cet angle au tore inférieur de la base. Des auteurs lui donnent le nom de patte.

GRIFFE

Ornement roman. Ce sont des griffes, des pattes, des feuilles enroulées qui décorent les angles des bases des colonnes et des soubassements.

GRIFFON

Quadrupède fabuleux, ailé, à tête d'aigle, avec le corps d'un lion.

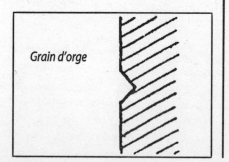

Grain d'orge

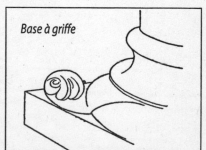

Base à griffe

GRISAILLE

Peinture grise et, par extension, vitrail blanc qui porte des dessins de cette couleur.

GROTESQUE

Figures bizarres, monstrueuses, comiques ou hideuses et parfois obscènes, que les artistes du Moyen Âge plaçaient sur les façades des églises. Ils en sculptèrent sur pierre, mais aussi sur bois, pour des stalles de chœur, pour des menuiseries et des boiseries d'intérieur.

GROTTE ARTIFICIELLE

On a exploré, notamment en Champagne, des grottes sépulcrales néolithiques taillées dans des roches tendres à l'aide de pics en pierre ou en corne. Ces grottes artificielles ressemblent moins aux cavernes naturelles qu'aux **dolmens sous tumulus** (voir ce mot), avec leur couloir d'accès et leur chambre funéraire.

Quelquefois un corps féminin est grossièrement sculpté en bas-relief sur l'une des

Grotesque d'une stalle de la cathédrale de Rouen

parois. Les bas-reliefs dont il s'agit ne sont pas sans rapport avec les **menhirs-statues** (voir ce mot). On a même cru saisir un lien de parenté entre ces productions de l'art néolithique et des figures primitives modelées par des potiers de la Grèce archaïque. Il ne faut pas confondre les grottes artificielles avec les **souterrains-refuges** plus récents.

GROTTE DÉCORÉE

Les grottes sont des excavations naturelles, que l'on attribue au travail des eaux souterraines. L'homme préhistorique choisissait de préférence celles qui s'ouvraient à proximité des cours d'eau et il installait son foyer à l'entrée : c'est là que l'on retrouve les débris de cuisine, les outils, les armes, les vestiges de la vie journalière.

Quelquefois dans le Nord de la Gaule, plus fréquemment dans le Centre et le Midi, les grottes ont reçu des sépultures. Cependant, devant le petit nombre de corps qui y ont été découverts, on est porté à conclure que l'inhumation dans les grottes a été une exception.

Les grottes n'étaient pas seulement des refuges et des cimetières ; elles devaient encore servir de temples. Elles abritaient, avec les vivants et

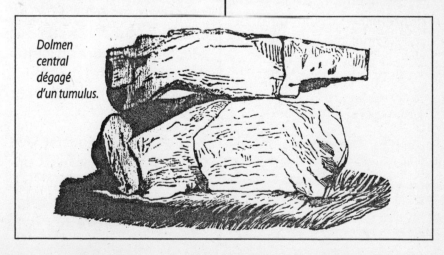

Dolmen central dégagé d'un tumulus.

les morts, les dieux et leurs mystères. Ainsi s'explique que les peintures des cavernes sont habituellement éloignées de l'entrée : à Niaux, dans l'Ariège, elles sont à 800 mètres du jour, comme si on avait voulu les soustraire aux regards des profanes.

Ces ornementations de cavernes se ressemblent entre elles et ressemblent aux gravures sur os de la même époque. Les grottes à parois décorées actuellement connues sont réparties surtout dans le Sud-Est et Sud-Ouest de la France, et dans le Nord-Ouest de l'Espagne.

Les figurations ont pour objet les animaux de la faune quaternaire : mammouth, bison, renne, cheval… dont on

Gravure de la grotte de Pair-non-Pair

vivait alors. Quelques-unes portent au flanc une flèche ou l'empreinte plus ou moins défigurée d'une main. Rapport avec l'envoûtement ? En figurant le gibier, l'artiste quaternaire pensait lui donner une existence factice ; il le multipliait, il le capturait en effigie. L'art se mêlait à des rites magiques.

La peinture pouvait être associée à la gravure : le trait gravé arrêtait les contours. On choisissait parfois une bosse du rocher, un accident naturel formant une silhouette, que l'on coloriait ensuite. La palette était pauvre, mais suffisante pour représenter les pelages : jaune, rouge et noir. Exceptionnellement, les artistes ont recouru au pointillé ; ils ont presque toujours appliqué des teintes plates. Le coloris est simple ; le dessin est sobre, stylisé.

L'art de l'époque quaternaire est, comme tous les arts primitifs, réaliste. Si la figure humaine est mal réussie, les animaux sont traités avec justesse, sens du mouvement et de la vie. On est saisi que l'homme préhistorique, avec si peu de moyens, ait pu tailler dans l'ivoire avec pour tout instrument un morceau de silex, ou représenter de tels chefs-d'œuvre sur les parois des cavernes. Cet art paléolithique disparaît sans laisser de traces avant l'époque de la pierre polie, dont les générations ne savent plus dessiner les animaux et recourent à une décoration d'un style plus primitif et d'un caractère tout différent.

Voir **Caverne** et **Préhistoire**.

GUETTE

Tour la plus élevée d'un château, ainsi nommée parce qu'elle servait à faire le guet.

GUICHET

Petite porte percée à côté d'une grande ou dans le vantail d'une grande.

GUILLOCHIS

Ornements de sculpture qu'on nomme aussi grecques, méandres, bâtons rompus. En orfèvrerie, un ornement en forme de réseau.

GUIRLANDE

En ornementation, ce terme, synonyme de **rinceau** (voir ce mot), désigne aussi des festons attachés avec des bandelettes et composés de feuilles, de fruits et de fleurs (voir **Festons**). Le XVIe siècle a fait des guirlandes plus légères que les guirlandes classiques : des bouquets plus ou moins espacés s'égrènent sur un cordon. Le style Louis XIV y mit fréquemment des feuilles de chêne et de laurier. Les guirlandes Louis XV ont des fleurs, notamment des roses, et les guirlandes Louis XVI peuvent être accompagnées de rubans à plis nombreux. Le XVIIIe siècle a fait aussi de pseudo-guirlandes, formées d'un morceau d'étoffe accroché, les bouts pendants.

HARPE

Saillie formée par des pierres d'attente, par les assises d'une chaîne, etc.

HAUT-RELIEF

Voir **Bas-relief**.

HERSE

Grille en fer servant de contre-porte, qui glissait dans les rainures verticales d'une baie ; elle était suspendue à une chaîne qu'on lâchait pour fermer un passage. Au Moyen Âge, on les nommait *portes sarrasines*. Sorte de râtelier, suspendu ou sur pieds, sur lequel on alignait des cierges.

HIPPOCERF

Animal fantastique de la mythologie chrétienne, moitié cheval et moitié cerf.

HIPPODROME

Arène pour la course des chevaux et des chars, par opposition au *stade*, qui servait pour courir à pied.

HIPPOGRIFFE

Animal fabuleux de la mythologie du Moyen Âge ; il fendait les airs avec une grande facilité et beaucoup de célérité, car il était moitié cheval et moitié griffon.

HOSTIE

Victime, à Rome, sacrifiée comme offrande.

Rondelle de pain eucharistique, donnée aux fidèles lors de la communion. Désigne aussi le pain consacré.

HOTTE

C'est, dans une cheminée, la partie du tuyau qui est immédiatement au-dessus du manteau.

Hourds

HOURD

Galerie volante, en bois, que l'on établissait au sommet et à l'extérieur des murs de défense. Les hourds servaient de chemins de ronde. À partir du XVᵉ siècle, ils sont remplacés par des **mâchicoulis** (voir ce mot) en pierre, donc moins inflammables lors des assauts ennemis.

HOURDIS

Maçonnerie légère à bain de mortier ou de plâtre ; enduit de plâtre. — Ne pas confondre avec *hourdage*, qui désigne un ensemble de hourds.

HUTTE NÉOLITHIQUE

Les Gaulois et les peuples qui les ont précédés avaient pour habitations des cabanes de branchages, de clayonnages revêtus de terre ; ces cabanes s'enfonçaient dans le sol. Le type dura jusqu'à la conquête romaine.

Les riches Gaulois avaient des demeures plus étendues et plus compliquées ; mais rien, avant les Romains, ne rappelle dans nos pays l'importance de ces palais que l'on a exhumés dans les îles de l'archipel grec.

HYPÈTHRE

Se dit des temples antiques qui prenaient jour à travers le toit.

HYPOCAUSTE

Fourneau souterrain pour le chauffage de bains ou d'appartements.

L'antiquité romaine nous a laissé un nombre élevé d'hypocaustes, c'est-à-dire de salles chauffées par un foyer souterrain. Les hypocaustes sont restés en usage pendant une partie du Moyen Âge. L'hypocauste n'était pas particulier aux établissements de bains. Certains hypocaustes étaient simplement destinés au chauffage des appartements. Pour construire un hypocauste, on disposait d'abord un sol bétonné, qui pouvait être carrelé et que l'on inclinait vers l'entrée du foyer : la flamme, qui tend à monter, circulait plus facilement et les liquides provenant de la condensation des gaz de combustion revenaient à l'extérieur. Sur le sol ainsi préparé, on montait en même temps que les murs, de petits supports, qui purent être fort divers ; ce sont habituellement des pilettes, formées de briques qui mesurent 0,15 m à 0,20 m de côté. Par-dessus on posait une brique un peu plus large. Les piles étaient espacées d'environ 0,60 m d'axe en axe ; on les réunissait par de grandes et fortes briques, dont le côté répondait à cet espacement, en sorte que ces dernières briques formaient un carrelage continu. Ce carrelage portait un lit épais de 0,35 m ou plus de béton : c'est la *suspensura*, laquelle était, à son tour, recouverte d'un dallage, d'une mosaïque, d'un pavage quelconque. Le foyer se trouvait à l'une des extrémités. Un même foyer pouvait chauffer deux ou plusieurs salles, qui étaient alors de températures inégales. Il arrive que le foyer ne s'arrête pas à l'entrée de l'hypocauste; il empiète sur la chambre de chauffe, à l'intérieur de laquelle il forme un couloir plus ou moins allongé. On y brûlait du bois. La flamme chauffait la *suspensura*; la fumée s'échappait par des conduits placés verticalement dans le mur et qui contribuaient au chauffage.

D'autres conduits enfermés dans les murailles n'étaient pas ouverts sur l'hypocauste et ne portent pas de suie; c'étaient, non plus des cheminées, mais des conduits d'air chaud.

HYGIÈNE

Personne n'ignore que les Romains se baignaient fréquemment et qu'ils ne reculaient devant aucun sacrifice pour se procurer de l'eau en abondance. Le Moyen Âge garda quelque chose de ces habitudes : les établisse-

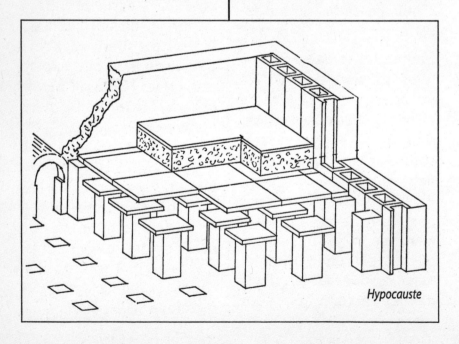

Hypocauste

ments de bains, les *étuves* ont laissé leur nom à certaines rues dans bien des villes. On retrouve ces préoccupations d'hygiène dans les détails de construction; c'est ainsi que les architectes multipliaient les sièges de latrines. À cet égard, le XVIe et le XVIIe siècle marquent un grave recul.

Le Grand Siècle ignorait à peu près l'usage des bains chauds et dans ses palais il ne mit pas de latrines. Parmi nos rois les plus célèbres, il y en eut qui étaient d'une saleté repoussante.

HYPOGÉE

Bâtiment placé au-dessous du niveau du sol, et, par extension, un caveau funéraire.

HYPOSTILE

Salle de grande dimension dont la toiture repose sur des colonnes.

ICONOGRAPHIE

Description des statues, images et bas-reliefs, des bustes, des médailles...

ICONOGRAPHIE MÉDIÉVALE

Les personnages et les scènes étaient traités suivant des conventions tradition-nelles, qui aident à les recon-naître et dont l'ensemble constitue l'iconographie. Les arbres sont réduits à une tige et une touffe de feuilles ; une ville, à une porte percée dans une tour ; des lignes ondu-lées indiquent l'eau ou des nuages et le geste de porter la main à la joue exprime la douleur. Quand un vitrail, un tympan, etc., renferment plu-sieurs sujets, il faut générale-ment lire ceux-ci de bas en haut. Pendant les premiers siècles, les motifs antiques se conservèrent avec un sens nouveau : Orphée figura le

Chapiteau roman de l'église de Sémur (Bourgogne)

Christ; Icare devint l'âme d'un enfant montant au ciel. La pensée chrétienne était ainsi enveloppée dans les formules du paganisme, comme sur les sarcophages de la Gaule. Plus tard, l'iconographie s'épura et se fixa : à chaque personnage on attacha un ou plusieurs attributs, une ou plusieurs caractéristiques.

Les règles iconographiques sont immuables : elles changent, au contraire, suivant les époques et suivant les contrées. Durant le Moyen Âge, le Dieu créateur est représenté sous les traits de Jésus-Christ, parce que, suivant les docteurs, c'est le Verbe qui a créé le monde; depuis la Renaissance, le Créateur est Dieu le Père.

Le Christ en croix était d'abord habillé, puis juponné jusqu'aux genoux, le corps raide, la tête droite, les deux pieds cloués séparément; depuis le XIIIe siècle, le Cruci-

Le sacrifice d'Isaac par Abraham, chapiteau roman de St-Benoît-sur-Loire

fié peut être plus dévêtu, contourné, la tête tombante, les deux pieds attachés par un seul clou.

Les temps romans, pour figurer la Résurrection, montrent les Saintes Femmes devant le tombeau vide ; l'époque gothique a maintes fois sculpté le Christ sortant glorieux du Sépulcre. Le couronnement de la Vierge devient fréquent au XIIIe siècle. Saint Jean l'Évangéliste est, en France, un jeune homme imberbe ; il est barbu dans l'iconographie byzantine et allemande.

ICONOGRAPHIE RENAISSANCE ET CLASSIQUE

Après le XIIIe siècle, l'iconographie entre dans une nouvelle voie ; l'art paraît être descendu des cieux sur la terre, il devient plus humain et plus matériel. Le fond resta d'abord le même : c'est l'expression qui était différente l'artiste recourait à des images inédites, à de nouveau moyens d'émotion.

Le succès de l'ordre franciscain est l'une des causes de ce changement : les religieux de saint François s'adressaient alors au cœur plus qu'à la raison. Il semble bien, d'autre part, que les mystères, qui mettaient sur la scène les faits de la Bible, ont exercé une double influence : le déroulement de l'action dramatique habituait les spectateurs à des épisodes jusqu'alors négligés, par exemple, dans la Passion, la descente de croix et la Vierge de Pitié, qui tient sur ses genoux le corps inanimé de son Fils ; de plus, la mise en scène fixa certains détails dans le costume, dans les accessoires, dans les décors.

Puis l'évolution fut plus profonde : dès la fin du Moyen Âge, elle atteignit l'esprit même de l'art et les sources d'inspiration. Ce n'est plus seulement le cœur que l'on visait, mais les nerfs : la sensibilité fit place à un sensualisme mystique et douloureux, auquel les affres de la guerre de Cent ans n'ont pas dû être étrangères. Les sculpteurs cherchèrent à représenter la mort dans son horreur. Ils perdirent en même temps cette aversion que les vieux maîtres éprouvaient pour le nu.

L'art avait vécu de la foi et de l'imagination. Pour remplacer l'idée et la légende, chassées par le réalisme et par le rationalisme, l'humanisme demanda au monde païen le culte de la forme et la mythologie. Le XVIe siècle, entre l'antiquité sacrée et l'antiquité profane, entre les prophètes et les philosophes représenta Dieu sous les traits de Jupiter : Jésus-Christ descendant aux Limbes y est reçu par Pluton, Cerbère et Proserpine ; quand il ressusci-te, il est, pareil à Ganymède, porté sur un aigle.

Attributs, trophées et motifs divers, héritages de l'antiquité, prennent de l'importance à partir du XVIe siècle.

Les attributs peuvent être groupés en trophées. Tantôt ils ont une origine païenne, comme les **bucranes** (voir ce mot), têtes de bœuf décharnées qui rappellent les sacrifices, tantôt ils sont d'inspiration militaire : épées, casques, cuirasses, boucliers de diverses formes, rond, ovale, échancré... Les attributs eurent sous Louis XV un caractère de galanterie futile, — amours, instruments de musique, etc. ; — ils furent précieux sous Louis XVI,

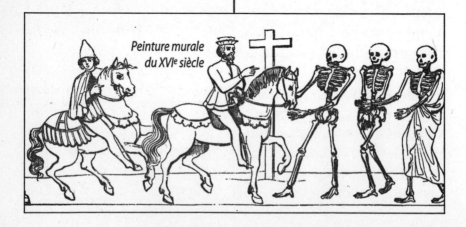

Peinture murale du XVIe siècle

froids et secs pendant l'Empire. C'est le temps des réminiscences égyptiennes et aussi de ces grands casques nus que les romantiques retiennent pour caractériser le style *pompier*. Le XIXe siècle a usé largement des attributs, qu'il a, d'ailleurs, en partie renouvelés et adaptés aux idées modernes.

Certains attributs peuvent fournir des indications chronologiques : la cordelière et le porc-épic figurent sur des œuvres du temps de Louis XII ; la salamandre, de François 1er ; le croissant, d'Henri II ; le soleil. de Louis XIV : les abeilles et l'aigle, de Napoléon.

IMAGIER

Artiste peintre, sculpteur, graveur qui faisait des images, des statues, des bas-reliefs.

IMBREX

Tuile faîtière de forme demi-cylindrique (creuse). Renversée, elle était utilisée pour faire des canalisations ou des rigoles.

IMBRICATION

Ornement qui reproduit la disposition des tuiles plates ou des écailles de poisson. — Ne pas appeler de ce mot l'emploi des assises de briques dans la maçonnerie.

IMPOSTE

Partie supérieure fixe d'une croisée. Tablette saillante qui couronne un pilier.

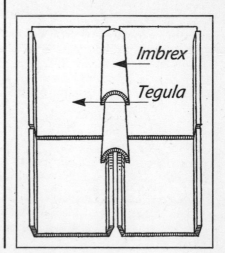

INCRUSTATION

Sur une dalle de pierre ou d'argile cuite, on obtient en creux un dessin et on remplit ce creux soit d'une matière ductile, ciment, mastic, plomb fondu, soit d'une matière dure, carreau émaillé, verre, pierre de couleur : c'est l'incrustation.

On peut distinguer au moins deux procédés d'incrustation : l'incrustation sur une pierre creusée au ciseau, l'incrustation sur un carreau d'argile dans lequel le creux est obtenu par l'impression d'une matrice en relief.

Des églises romanes, comme les cathédrales de Lyon et de Vienne, offrent des frises d'incrustation et des ornements obtenus par le même procédé sur des marches, des socles, des tailloirs, des chapiteaux ou des colonnettes. Les ornemantistes gothiques firent des carrelages en pierres incrustées. Tantôt on réservait le motif et on creusait le fond, que l'on garnissait d'une incrustation, et tantôt c'était le motif que l'on gravait en respectant le fond. D'après cette formule, la période gothique a dessiné de remarquables effigies funéraires. Les incrustations sur terre cuite se rencontrent à partir du XIIIᵉ siècle. On prend un carreau qui n'est pas cuit ; si on désire que le fond soit noir, on passe sur l'argile une couche de terre noircie. Noirci ou non, pendant que le carreau est encore mou, on appuie sur l'argile

Incrustation du XIIIᵉ siècle (Saint-Denis)

un moule en relief qui s'y dessine en creux ; dans ce creux on fait entrer une engobe, généralement une terre blanchâtre ; on badigeonne le tout d'un sel de plomb et met au four. Le sel de plomb forme après la fusion, un vernis jaunâtre. Il faut noter que l'image se renversait à l'impression, de sorte que des personnages sont gauchers.

Les dessins ne sont pas de contours bien arrêtés. Chacun des carreaux porte un motif complet, ou bien on les groupe par quatre ou par seize pour constituer un motif.

Les carreaux sont quelquefois accompagnés de pierres unies, qui forment bordure. Au XIIIe siècle, les dessins sont plus simples et plus fermes qu'au XIIe siècle ; au XIVe et XVe, ils sont plus secs, plus maigres ; ce peut être des inscriptions ou des initiales.

Le XVe introduit dans les carrelages des tons verts ou bleu clair. Le XVIe fabrique également des carreaux de faïence peinte et d'un coloris plus faible.

Après le XVIe, on abandonne en France les carrelages céramiques.

Carreau de terre estampée du XIIIe siècle

Dalle funéraire à incrustation du XIVe siècle (Sainte-Geneviève, Paris)

INTAILLE

Pierre gravée en creux ; le contraire du *camée*, qui est gravé en relief.

INTRADOS

Partie intérieure de l'**arc** (voir ce mot) ou de la voûte (par opposition à l'**extrados**, voir ce mot).

IONIQUE

Ordre architectural grec, avec des chapiteaux ornés de deux volutes latérales.

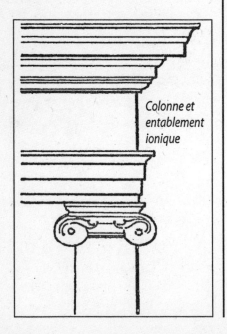

Colonne et entablement ionique

JAMBAGE

Synonyme de pied-droit ou de montant vertical des ouvertures (portes, fenêtres…) Le Moyen Âge a plaqué contre des jambages des statues raides et droites ; mais il a délaissé les **cariatides**, statues féminines qui font effort pour porter une charge et les **atlantes**, statues masculines qui jouent le même rôle (voir ces mots). On les a repris au XVIe siècle. La mode des cariatides et des atlantes a duré jusqu'au XIXe siècle.

JAMBETTE

Dans une **ferme** (voir ce mot), pièce oblique qui soulage le pied de l'arbalétrier ou du chevron et qui s'assemble du haut dans l'arbalétrier ou le chevron, du bas dans l'entrait ou le blochet.

JOINT

Intervalle entre deux pierres juxtaposées ou superposées. Construire à *joints vifs*, c'est construire sans mortier.

JOUÉE

En général, face latérale d'un objet. Dans une baie, face des montants qui correspond à l'épaisseur du mur.

JUBÉ

Clôture portant tribune entre le chœur et la nef. Cette construction en pierre plus ou moins sculptée, élevée à l'entrée du chœur d'une église, a remplacé l'**ambon** (voir ce mot). Le nom de jubé est tiré de la formule que récite le diacre, installé sur le jubé, avant l'Évangile : *Jube Domine benedicere (Daignez bénir, Seigneur)*. Le jubé servait à des lectures ou à des chants ; il est orné du Crucifix, comme la **poutre de gloire** (voir ce mot). Les jubés se rattachaient d'ordinaire aux clôtures latérales du chœur. À partir du XIIIe siècle, ils furent magnifiquement ouvragés. Mais ils avaient l'inconvénient d'encombrer la nef et de couper les perspectives. Ils ont été enlevés presque partout.

LABYRINTHE

Ligne compliquée obtenue par une combinaison du pavement dans certaines églises. Les grandes cathédrales possédaient jadis un labyrinthe dans leur nef. Peu ont survécu mais on les admire encore à Chartres et à Amiens.

Le labyrinthe, ou maison de Dédale est d'origine antique; le Moyen Âge y rattachait des souvenirs de pèlerinage et des pratiques de piété. Des fidèles suivaient à genoux les sinuosités de cette longue ligne, que l'on appelait quelquefois la *lieue*.

LACUSTRE (CITÉ)

Dite aussi *palafitte*. — de l'italien *palafitti*, pilotis — la station — ou cité — lacustre, est groupée sur une plateforme, elle-même montée sur pilotis au-dessus d'un lac;

Labyrinthe

la cité communiquait avec la terre par une passerelle.

Le centre des palafittes est la Suisse et la Savoie ; il en a été aussi découvert dans les Îles Britanniques. On construisit des palafittes pendant la période de la pierre polie et jusqu'au début de l'âge du fer. Cette disposition répond à une préoccupation défensive. Les cités lacustres mettaient à l'abri d'un coup de main, sinon les demeures, au moins les greniers. Peut-être n'étaient-elles pas habitées constamment ; on s'y réfugiait en cas d'alerte, après quoi on coupait la passerelle.

Une *terramare* est, dans la haute Italie, un village également assis sur plate-forme et pilotis, mais au-dessus du sol ferme et non pas au-dessus de l'eau.

LAMBRIS

Revêtement en bois ou en pierre très mince (marbre ou stuc) ; menuiserie formant fausse voûte ou plafond au-dessus d'un vaisseau.

LANCÉOLÉ

En forme de lancette.

LANCETTE

Arc brisé aigu, en forme de fer de lance. Fenêtre haute et étroite.

Lanterne des morts de forme carrée d'Antigny (Vienne).

LANTERNE

On appelle tour-lanterne une tour posée sur un édifice, ajourée du bas et percée de fenêtres, de façon à éclairer l'édifice inférieur.

LANTERNE DES MORTS

Édicule creux de forme élancée, généralement cylindrique, quelquefois carrée ou de forme polygonale, qui servait de fanal dans des cimetières On les nommait également *tournielles, phares, lampiers* et *fanaux*. Les lanternes des morts remontent au XIIe et XIIIe siècles.

LARMIER

Le larmier ou *coupe-larmes* est en saillie et mouluré de façon à rejeter en avant du parement les eaux pluviales. Les larmiers sont tantôt unis, tantôt décorés de riches sculptures. Le larmier classique est l'une des parties de la corniche ; le larmier gothique est placé sous les fe-nêtres, sur la face antérieure des contreforts, etc., partout où il est utile.

LATTE

Bois refendu très mince.

LAYE

Outil de tailleur de pierre en forme de marteau à un ou deux tranchants, unis ou dentelés.

LEVÉES (PIERRES)

Synonyme de **menhirs** (voir ce mot).

LÉZARDE

Crevasse dans la maçonnerie.

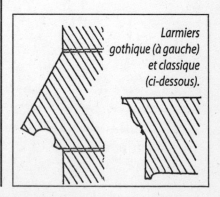

Larmiers gothique (à gauche) et classique (ci-dessous).

LIBAGE

Pierre grossièrement taillée sur les joints, employée dans les fondations.

LICE

Barrière, mur secondaire en avant du mur principal d'une fortification ; zone comprise entre ces deux murs.

Un chemin de ronde était fréquemment ménagé entre l'**escarpe** (voir ce mot) et le pied des fortifications. Ainsi le nom de lice s'étendit au chemin de ronde lui-même.

LICORNE

Dans l'iconographie chrétienne, monstre fabuleux au corps de cheval avec une immense corne sur le front. Symbole de chasteté et de puissance. Selon la légende, pour attraper une licorne, on lui présentait une jeune fille. Si elle était vierge, la licorne venait s'endormir sur son sein. Si elle n'était plus vierge, la licorne en furie lui transperçait le ventre de sa corne et prenait la fuite jusqu'au printemps suivant.

Licorne

LIERNE

Nervure qui relie la clef de la croisée d'ogives soit à la clef d'un doubleau ou d'un formeret soit à la tête des tiercerons. Ce nom désigne aussi diverses pièces de charpente.

LIMON

Cours de pierre ou pièce de bois, l'un et l'autre rampants, dans lesquels les marches s'assemblent du côté du vide de l'escalier.

LINTEAU

Pièce posée horizontalement d'un jambage à l'autre audessus d'une baie qu'elle couvre, parfois décorée d'une frise.

LIS

Emblème de la royauté française.

LISTEL

Petite moulure saillante de section carrée ou rectangulaire.

LITRE

Bande armoriée peinte ou quelquefois sculptée sur les murs d'une église ou d'une chapelle.

LOBE

Contour qui dessine une courbe convexe. À partir de ces segments de cercle, on forme certains ornements, tels que roses, rosaces…

Fenêtre à linteau échancré.

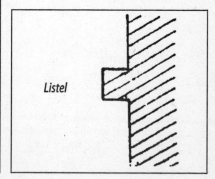

Listel

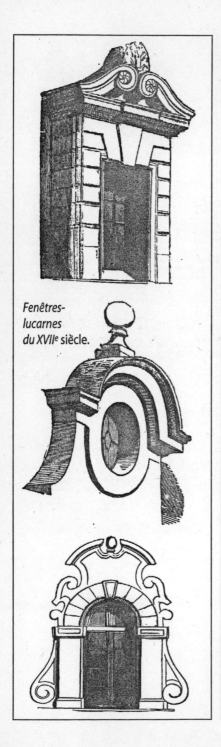

Fenêtres-
lucarnes
du XVIIe siècle.

LUCARNE

Fenêtre percée dans un toit pour éclairer le comble

Le XIIIe siècle releva les toitures, qu'il fit plus élancées et plus aiguës, de sorte qu'on put placer dans les combles une ou plusieurs pièces habitables. De ce jour, il fallut imaginer un système de baies qui permît d'éclairer ces logements : c'est la lucarne. L'encadrement de la baie s'élève vertical sur le versant incliné de la toiture : deux petits pans de toit triangulaires qui se réunissent par le haut ferment le vide entre la baie et la toiture. Lorsque la lucarne est posée sur le toit, en arrière du mur, elle est en charpente ; elle est habituellement en pierre quand elle s'appuie sur la façade.

Les lucarnes en pierre sont fragiles et instables ; on a dû les assurer contre le renversement : c'est pourquoi on les a faites plus larges du bas, on les a flanquées de petits clochetons et consolidées au moyen d'arcs-boutants minuscules. Il en est résulté, vers la fin du gothique, d'excessives complications de lignes. Là encore, la Renaissance est revenue à plus de sobriété.

LUNETTE

Dans la voûte à pénétrations et dans la voûte d'arêtes, les lunettes sont les pénétrations transversales, qui correspondent habituellement à une baie.

LUTRIN

Pupitre dans les églises où sont disposés les livres.

Lutrin en bois du début du XVIe siècle.

MÂCHICOULIS

Ouvertures carrées ou larges rainures pratiquées sur le sol d'un chemin de ronde construit en porte-à-faux ou en encorbellement et supportées par de grandes consoles. C'est entre celles-ci que sont pratiqués les mâchicoulis par lesquels on laissait tomber des pierres, de l'eau bouillante ou du sable brûlant sur les assaillants parvenus au pied du mur. On les nomme également **assommoirs** et **hours** (voir ces mots).

Mâchicoulis

MADRIER

Planche épaisse.

MAIN COURANTE

Barre d'appui qui couronne la rampe d'un escalier ou une balustrade.

MAISON MÉDIÉVALE

Les maisons du Moyen Âge, sauf exception, ne possédaient pas de cour intérieure ; le premier étage en était quelquefois plus développé en hauteur, d'ordinaire plus richement conçu.

Maison du XIIe siècle

Les maisons s'étendent parfois en profondeur, perpendiculaires à la rue, sur laquelle elles ont un pignon. Le rez-de-chaussée, plus sobre que les étages, renferme des boutiques ou des celliers. Il peut être voûté et ces voûtes, même dans les maisons gothiques, sont fréquemment romanes : voûtes en berceau, voûtes d'arêtes ont persisté longtemps dans l'architecture civile, aussi bien d'ailleurs que les arcs en plein-cintre. Lorsque les voûtes sont sur ogives, ces nervures ont habituellement un profil très simple et un aspect archaïque et rude.

Le plafond de plâtre, si préjudiciable aux bois, qu'il prive d'air, est une idée moderne ; on n'employait jadis cet enduit qu'entre les solives. Les plus anciens plafonds n'étaient que les planchers vus par-dessous et montrant, bien en valeur, les pièces dont ils étaient composés. Plus tard, on cloua sous les solives des plafonds de menuiserie ; à partir du XIVe siècle, on ajusta les bois en caissons, ou encore, dès le XVe siècle, on jeta d'une solive à l'autre un voûtain de briques.

Dès l'époque romaine on a bâti des maisons de bois et on en a fait durant le Moyen Âge, principalement dans les provinces du Nord. Elles sont fragiles, inflammables et il n'en est guère qui remontent au-delà du XVe siècle.

Le rez-de-chaussée est souvent en pierre ; au-dessus, au lieu de murailles maçonnées, on a bâti une ossature de bois, formée de montants, de traverses et de pièces obliques ; on garnissait les intervalles de *hourdis*, qui est une maçonnerie de remplissage, ou de *pisé*. Sur le toit on pouvait poser un revêtement d'ardoises ou de bardeaux. Ces parois légères se prêtaient aux porte-à-faux : le premier étage surplombait donc souvent le rez-de-chaussée et le second s'avançait à son tour sur le premier. Cette architecture d'apparence fragile était ordinairement protégée par un toit très saillant.

MANDORLE

Nom donné à l'auréole. C'est dans une mandorle que se reconnaissent, sur les tympans romans, le Seigneur, Marie et quelques personnages d'une grande sainteté.

MANICORE

Dans l'iconographie médiévale, la manicore est un animal hybride à tête humaine, au corps globuleux terminé en serpent.

MANOIR

Habitation de quelque importance, château d'un propriétaire de fief du Moyen Âge, lequel propriétaire n'avait pas les droits seigneuriaux.

MANTEAU DE CHEMINÉE

Terme vague, qui désigne la partie immédiatement supérieure aux jambages, linteau ou plate-bande.

MANTELET

Couverture d'engin de guerre protégeant les soldats.

MARCHE

Dans les églises romanes, les marches sont en nombre impair. Pour monter à l'autel, ou pour accéder au porche, trois, cinq ou sept marches sont nécessaires.

Christ en gloire de la mandorle du tympan de la cathédrale de Chartres.

MARMOUSET

Petite figure grotesque accroupie, couchée, debout, employée dans la décoration architecturale et qui a fait son apparition au XIIIe siècle.

MARQUETERIE

Assemblage de bois précieux, de pierres de diverses couleurs, mêlés avec des métaux. L'art de la marqueterie, pratiqué dans l'Antiquité, a connu son apogée avec les Italiens du XVe siècle (chapelle des Médicis, à Florence).

La marqueterie s'appelait chez les Romains *opus sectile*; elle est faite de lames en pierre ou en terre cuite, découpées de façon à former des dessins de teintes assorties. Des artistes produisaient ainsi de vrais tableaux; on se contenta généralement de figures géométriques en noir, en vert, en gris…, sur blanc.

Le XIIe siècle et les siècles qui suivirent préféraient les petits morceaux de terre cuite, débités en triangles, en carrés, en polygones, en cercles, etc., portant sur leur face une couverte en noir, jaune, rouge, vert foncé, etc. Viollet-le-Duc a publié de curieux carreaux où une fleur de lis en trois pièces est dans un

Manicore

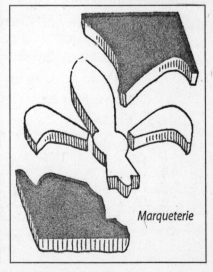

Marqueterie

champ de quatre pièces et d'autres où de petits ornements s'emboîtent dans un carreau percé de part en part pour les recevoir.

Ce procédé demandait des soins minutieux et du tour de main. Les tons étaient soutenus, au XIIe siècle, et ils tranchaient sur les peintures murales claires. Quand, au XIIIe siècle, les peintures devinrent plus foncées, aux carreaux noirs, dans lesquels l'argile portait une légère couche de terre fine noircie, on préféra les carreaux rouges où l'argile montrait sa couleur naturelle. En même temps, les procédés de fabrication furent modifiés et on abandonna les marqueteries pour les incrustations. C'est cependant en marqueterie que le XIIIe siècle dessina les **labyrinthes** (voir ce mot) de

nos cathédrales. L'école romane recourut au mélange des pierres avec les briques ou des pierres blanches avec les pierres rouges ou noires, pour décorer les parements extérieurs (comme sur la façade de la cathédrale du Puy, où les laves du Massif Central fournissaient un assortiment de matériaux polychromes).

MASCARON

Masque ; face d'homme ou d'animal employée pour décorer des clefs d'arc ou de voûte.

MÉANDRE

Ce mot, synonyme de **grecques**, désigne un ornement formé de lignes qui avancent et rétrogradent en décrivant des angles droits.

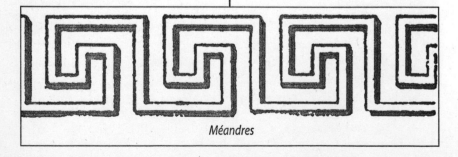

Méandres

Ce dessin d'ornement est ainsi nommé parce qu'il décrivait de nombreuses sinuosités, comme le fleuve Méandre. C'est un ornement très répandu.

MÉDAILLON

Bas-relief de forme circulaire.

MÉGALITHE

La période néolithique correspond à un progrès de l'état social : le chasseur se fait pasteur et agriculteur; il consomme des céréales, écrase du blé, fabrique de la poterie. La population, plus dense et plus fixe, prend

Mascaron en terre cuite.

conscience de sa force; l'association rend possibles des travaux qu'une collectivité organisée peut seule accomplir : les constructions de mégalithes.

On appelle mégalithes, c'est-à-dire grandes pierres, ou monuments mégalithiques des monuments faits de gros blocs bruts. On les confond parfois, à tort, avec les pierres branlantes, qui n'ont reçu aucune façon de la main de l'homme et relèvent de la géologie pure. En France, les plus anciens mégalithes ont été dressés par les hommes de la pierre polie; les plus récents appartiennent à des périodes beaucoup plus rapprochées de nous.

Ainsi qu'il a été déjà dit (voir **Préhistoire**), la période néolithique laissa perdre l'art si remarquable de la période précédente. Y eut-il substitution d'une race à une autre? C'est possible. Toujours est-il que l'homme de la pierre polie ne sait plus camper et dessiner les animaux : il se borne à quelques tracés géo-

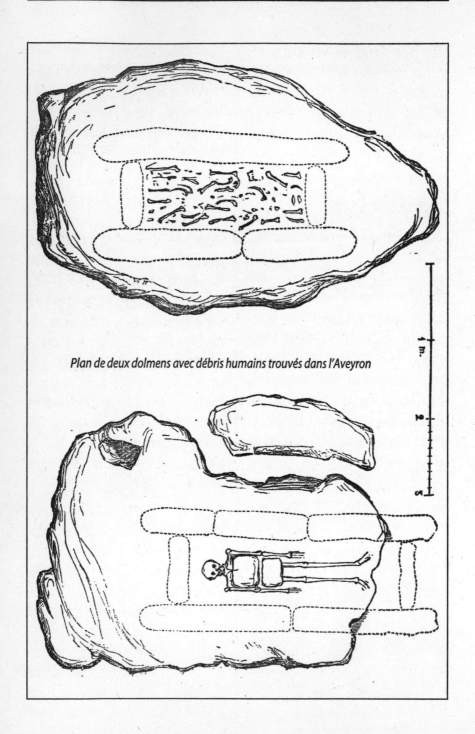

Plan de deux dolmens avec débris humains trouvés dans l'Aveyron

métriques, à quelques idoles déformées par une schématisation excessive.

Des dolmens bretons portent des gravures, formées de traits parallèles ou concentriques, lesquels rappellent des empreintes digitales fort agrandies : on y voit aussi la hache, le manche de la hache, la spirale et quelques signes tellement simplifiés qu'on n'en peut pas définir l'objet : le bouclier, le peigne ou peut-être une barque montée, un joug ou encore une paire de cornes.

À cette ornementation se rattachent les cupules ou écuelles creusées sur les pierres d'un certain nombre de mégalithes. Ces écuelles, qui se retrouvent en des pays fort éloignés les uns des autres, sont parfois le résultat d'accidents naturels, souvent l'œuvre de l'homme. La tradition en a été conservée jusqu'en plein Moyen Âge. Les cupules peuvent être reliées par de petits canaux, par des rigoles.

Pour les *menhirs-statues*, la silhouette est ramenée vaguement à une forme humaine, et une sculpture peu profonde indique, ca et là, quelques détails : les yeux, les seins, les bras, les pieds, certaines parties du costume, ceinture, collier, etc.

Les principales espèces de monuments mégalithiques sont : les **menhirs**, les **cromlechs**, les **dolmens** (voir ces mots).

MÉGALITHIQUE

Période entre le paléolithique et le néolithique : - 12 000/- 6 000.

MENEAU

Ce nom, qui désignait jadis, dans les croisées, les montants et les traverses en pierre, en bois ou en métal, est plutôt réservé présentement aux légers montants de pierre qui séparent les compartiments des fenêtres gothiques.

MENHIR

Grand bloc long, fiché en terre, sorte d'obélisque brut. Les menhirs, que naguère on appelait *peulvans*, sont nombreux en Bretagne ; un historien, au XIXᵉ siècle, en a compté en France 6192, dont 3 450 pour le seul département du Morbihan. Dans ce chiffre sont comprises les pierres des alignements et des cromlechs.

Le plus grand menhir connu est celui de Locmariaquer, qui est renversé et brisé ; il mesurait plus de 20 mètres de hauteur. La plupart sont plus petits. Quelques-uns sont enfouis sous tumulus. Ainsi en est-il du tumulus de Mané-Lud, à Locmariaquer, lequel renferme un dolmen à galerie et un cercle de petits menhirs, dont chacun supportait un crâne de cheval.

On ignore quelle était la destination des menhirs. Ils appartiennent, dans l'ensemble, à la même date que les dolmens ; toutefois on continua de planter des menhirs quand, depuis longtemps sans doute, on ne faisait plus de dolmens.

MENSOLE

Clef de voûte (voir ce mot).

MERLON

Dans le crénelage, partie pleine comprise entre deux créneaux.

MESURES

À partir du *pied* médiéval, dit *pied de Charlemagne*, (0,324 m) on obtient : 1 *toise* = 1,949 m ; 1 *pouce* = 0,027 m ; 12 pouces = 1 *pied* ; 6 pieds = 1 *toise*. Ces mesures va-riaient selon les régions et les époques. Autres unités, la *ligne*, diamètre d'un grain d'orge ; la **coudée** (voir ce mot), la *palme*, distance entre les extrémités de l'auri-culaire et l'index d'une main écartée (= 12,4 cm, soit 55 lignes) ; l'*empan*, distance entre les extrémités de l'auri-culaire et du pouce d'une main écartée (= 21 cm, soit 89 lignes)…

MÉTOPE

Dalle entre deux triglyphes dans la frise dorique.

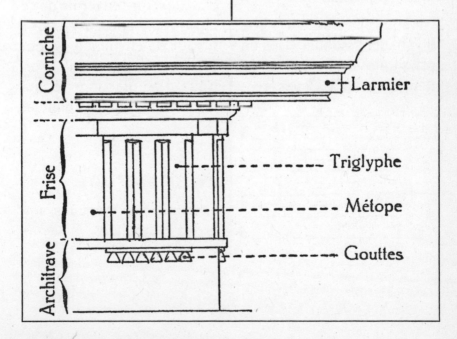

MEURTRIÈRE

Fente longitudinale, petite fenêtre pratiquée dans des murs de fortifications qui servait à lancer des traits et des projectiles sur les assaillants. Suivant les armes employées à la défense, les meurtrières ont des formes et des noms divers ; par exemple, *arbalétrières* celles servant à tirer de l'arbalète. Synonyme d'**Archère** (voir ce mot).

MEZZANINE

Petit étage entre deux autres plus importants.

Fenêtre carrée ou plus large que haute pratiquée dans un étage plus bas placé entre deux étages plus élevés.

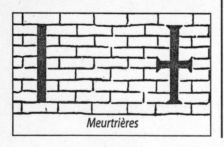

Meurtrières

MISÉRICORDE

Planchette de bois dissimulée dans le fond des stalles qui servait de siège discret pour les moines fatigués par les longs offices.

Dague à lame mince, en usage à partir du XIIIe siècle. Sa faible longueur (pas plus de 20 cm) permettait de la cacher sous des vêtements.

MITRE

Chapeau triangulaire signalant, ainsi que la crosse, la dignité de l'évêque. Ornement d'architecture en forme de ce chapeau. Extrémité des tuyaux de cheminée, en poterie ou en terre cuite, en tôle ou en maçonnerie, qui les défend contre la pluie et le vent.

MODÉNATURE

Ensemble des moulures, style de ces moulures.

MODILLON

Ornement en forme de console renversée qu'on retrouve sous les larmiers de certaines corniches ; la plupart des différents styles d'architecture ont utilisé cet ornement.

Voir **Corbeau**.

MOELLON

Terme que l'on oppose fréquemment à pierre de taille.

MODULE

Unité de mesure qui sert à fixer, dans une architecture classique, les dimensions des diverses parties.

MOISES

Pièces de bois jumelées entre lesquelles on serre d'autres pièces, que les moises entretiennent.

MONSTRANCE

Ce terme, dérivé de *monstrare* (montrer), désigne une pièce d'orfèvrerie en or, argent, vermeil ou cuivre doré ou argenté, qui représente souvent un soleil rayonnant, au centre duquel se trouve une lunule ou boîte en cristal dans laquelle on place une hostie. Les plus anciennes monstrances, nommées aussi *ostensoirs*, ne remontent pas au-delà du XIIe siècle.

MORTAISE

Entaille pratiquée dans une pièce pour recevoir le tenon, dûment façonné au bout d'une autre pièce.

MORTIER

Pâte agglutinante faite de chaux et de sable et qui sert principalement à lier les matériaux de construction.

MOSAÏQUE

La mosaïque est un revêtement formé de petits cubes
que l'ouvrier plante dans un
enduit. Cet enduit est généralement, pour la mosaïque
architecturale, un ciment à
prise lente, dans lequel entre
de la pouzzolane ou de la
brique pilée. Les cubes, plus
minces du bas afin que le ciment les saisisse mieux, sont
de pierres naturelles ou de
matières obtenues artificiel-
lement, terre cuite, verre,
morceaux d'émail... Le mosaïste a, dans une boîte à
compartiments, une provi-
sion de cubes ; il garde aussi
à portée de la main divers
outils, entre autres une *marteline* et un *coupoir* ; le coupoir présente, tournée vers le
haut, une lame sur laquelle
on pose le cube pour le couper avec la marteline et le ramener à la forme voulue.

Les Romains ont laissé un
grand nombre de mo-
saïques, dont les sujets présentent une extrême variété,
depuis les décors géomé-
triques simples jusqu'aux
scènes compliquées.

Dans les mosaïques histo-
riées, le sujet est en rapport
avec la destination de la piè-

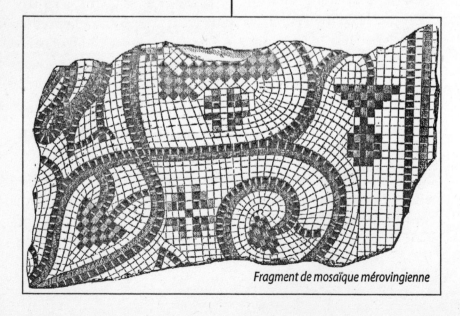

Fragment de mosaïque mérovingienne

ce. La mosaïque peut donc aider à reconnaître les dispositions d'une villa : une scène de festin décorera la salle à manger ; des monstres marins seront représentés dans la piscine, etc.

Mérovingiens et Carolingiens ont conservé l'art de la mosaïque ; on en a retrouvé une dans la voûte en cul-de-four de l'abside à Germigny (Loiret). Les mosaïques romanes sont moins rares. On en fit notamment, vers 1140-1150, dans le chantier de l'abbatiale de Saint-Denis. On a peut-être utilisé pour les mosaïques de Saint-Denis des cubes de mosaïque gallo-romaine. L'art du mosaïste roman s'est, en effet, directement inspiré de l'antiquité. Il n'est pas toujours aisé de savoir à laquelle des deux époques appartient une mosaïque.

Le XIIIe siècle délaissa ce mode de pavement, que l'on reprit beaucoup plus tard, sous l'Empire.

MOTTE

Éminence artificielle.

MOULURE

Ornement continu qui consiste en un profil saillant ou creux (en pierre, bois stuc…). Les moulures peuvent être placées sur divers points des murs ; elles ont des profils différents suivant leur fonction. Le mur est, en général, plus épais du pied, du **soubassement** (voir ce mot). Le soubassement se relie au mur supérieur à l'aide d'un biseau ou de moulures courbes, qui varient selon les époques. C'est souvent un **tore** (voir ce mot) à l'époque romane et c'est souvent aussi, à l'époque gothique, une moulure plus compliquée.

Les moulures sont rectilignes ou curvilignes, saillantes ou creuses.

Moulures rectilignes saillantes : le *bandeau* ou *tænia*, large moulure plate ; le *listel*, *filet* ou *réglet*, plus petite : le listel peut être posé de biais ;

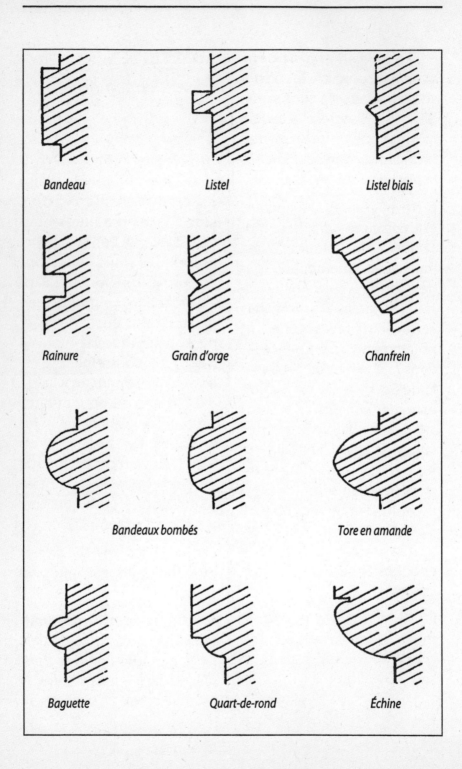

Bandeau

Listel

Listel biais

Rainure

Grain d'orge

Chanfrein

Bandeaux bombés

Tore en amande

Baguette

Quart-de-rond

Échine

Moulures rectilignes rentrantes : la *rainure*, qui est en creux ce que le filet est en saillie ; le *grain-d'orge*, qui correspond au filet de biais et qui sert principalement à souligner la rencontre de deux plans. le *chanfrein* et le *biseau*, qui sont des bandeaux biais : certains réservent le terme de chanfrein aux biseaux inclinés à 45°.

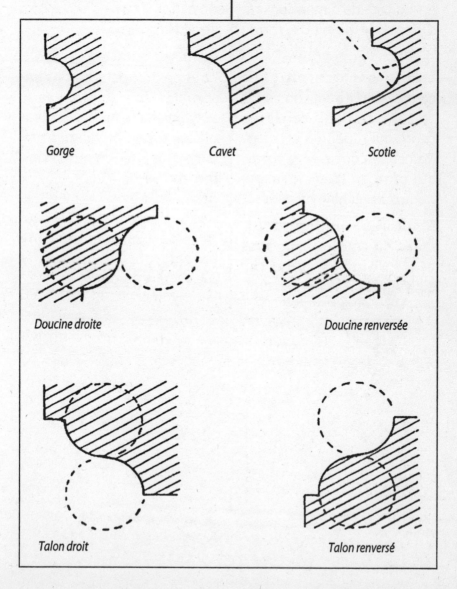

Gorge

Cavet

Scotie

Doucine droite

Doucine renversée

Talon droit

Talon renversé

Moulures curvilignes convexes : le *tore* ou *boudin*, de profil circulaire ou mi-circulaire ; le *bandeau bombé* ; le *tore en amande*, qui projette une arête ; la *baguette*, qui est un tore de dimensions réduites ; le *quart-de-rond* ; l'*échine* ;

Moulures curvilignes concaves : la *gorge* ou *canal*, creusée en demi-cercle ; le *cavet*, qui répond à un quart de cercle concave ; la *scotie*, qui offre en creux le même tracé que l'échine en relief ;

Moulures curvilignes formées de courbes concaves et de courbes convexes combinées : la *doucine*, droite ou renversée, formée d'un cavet et d'un quart-de-rond dont les centres sont une ligne horizontale ; le *talon*, droit ou renversé, formé d'un quart-de-rond et d'un cavet dont les centres sont une ligne verticale.

Dans les édifices, les moulures se groupent en des ensembles dont le profil varie suivant leur fonction et leur place : on ne profile pas une **corniche** (voir ce mot) comme une base ;

parmi les bases, on ne cisèle pas une base placée à la hauteur de l'œil comme une base destinée à être vue de bas en raccourci ;

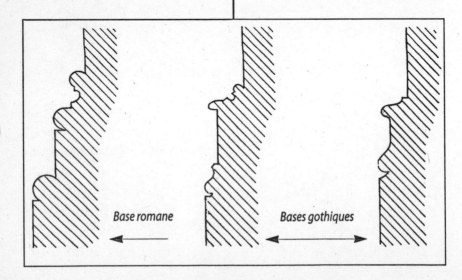

Base romane   Bases gothiques

parmi les corniches, on trace différemment une corniche extérieure et violemment éclairée par le soleil du Midi et une corniche baignée par la lumière diffuse et rare d'un intérieur.

Les profils changent suivant les époques. L'âge roman a une préférence marquée pour les moulures simples : si une courbe concave succède à une courbe convexe, l'une et l'autre sont arrêtées et séparées par un filet. L'âge gothique, surtout depuis le XVe siècle, tend à supprimer ces filets et à réunir les courbes successives en une courbe sinueuse et compliquée.

Avant de pousser les moulures, l'ouvrier fait subir au bloc une première ébauche qui lui donne sa forme générale : c'est l'*épannelage*. Pendant l'époque romane et au début de l'époque gothique, l'épannelage des membrures, grandes arcades, doubleaux, etc., s'inscrit dans un rectangle ; durant le gothique avancé, il s'inscrit dans un triangle.

MOUTIER/MOUSTIER

Synonyme de *monastère*, désignant aussi une cellule de moine.

MOYEN ÂGE

Époque de transition entre Antiquité et temps modernes.

MUR GAULOIS

Il existe en France un certain nombre d'enceintes fort anciennes, qui sont, d'ailleurs, mal connues. Les *oppida*, villes fortifiées, se multiplièrent sous la domination celtique. César eut à faire le siège de villes importantes entourées de remparts puissants : à Gergovie, les murailles, longues de 4 kilomètres, englobaient 75 hectares et abritaient 80 000 soldats, plus les non-combattants ; à Alésia, le développement des murs mesurait 4 à 5 kilomètres et la surface, 97 hectares ; à Bibracte, 5 kilomètres et 135 hectares. Les enceintes de l'âge de pierre n'étaient pas toujours très redoutables : au point qu'on se demande si certaines enceintes n'étaient pas de simples emplacements pour les réunions religieuses. Les murailles sont en terre ou en blocs bruts et terre. En avant de ces murs, on trouve des fossés, sans doute creusés avec des pics en corne de cerf, et des terrassements.

Les Gaulois savaient édifier des murs d'enceinte très solides : ils étaient revêtus d'assez gros appareil ; dans la masse, qui était moins soignée que les parements, des treillis de poudres assemblées et clouées assuraient les murs contre le choc des béliers. Ces fortifications, qui ont admirablement tenu contre les armées romaines ont moins bien résisté au temps ; elles sont plus rui-nées que certaines murailles cyclopéennes (voir ce mot) de l'époque antérieure.

On a signalé des vitrifications dans des murailles de quelques pays, notamment du centre de la France : tantôt elles sont locales ou superficielles et peuvent s'expliquer par l'emploi de scories dans la construction, par le voisinage d'un foyer, etc. ; tantôt elles atteignent l'ensemble et proviennent d'un incendie violent. Peut-être ces incendies ont-ils été parfois allumés intentionnellement, afin de transformer des maçonneries assez mal exécutées en masses compactes et plus résistantes.

MUTULE

Tablette saillante sous le larmier dorique.

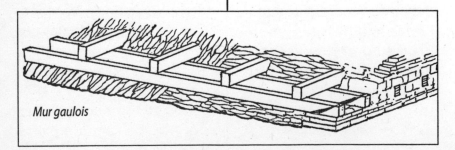

Mur gaulois

NAOS

Synonyme de **cella** (voir ce mot). Parfois employé pour des églises, ce terme signifie nef.

NARTHEX

Porche ou vestibule qui précédait les basiliques chrétiennes et qui correspondait au *pronaos* des basiliques romaines. Quand les églises possédaient deux narthex, l'un intérieur, l'autre extérieur, on nommait le premier *exonarthex* et le second *esonarthex*. Un tympan sépare parfois le narthex de la nef.

Voir **Porche**.

NATTE

Ornement fait à l'imitation d'une natte. — La différence avec la torsade consiste en ce que, dans celle-ci, les brins sont simplement tordus, tandis que dans la natte, ils sont tressés.

NAUMACHIE

Combat naval ; mais ce terme, surtout en latin, ne désigne ordinairement qu'un spectacle, un simulacre de combat donné dans un lac artificiel, dans un édifice spécial également appelé *naumachie*.

NEF

Ce terme s'applique à tous les édifices vastes qui, par la figure de leur plan et la forme de leur voûte, ressemblent à la coque renversée d'un navire ; mais ce terme sert surtout à désigner le grand vaisseau d'une église, dans laquelle on distingue la *nef majeure ou centrale* et les *nefs mineures ou collatérales*.

NÉOLITHIQUE

— Néolithique ancien : - *6000 / - 4500*.
— Néolithique moyen : - *4500 / - 3000*.
— Néolithique final : - *3000* jusqu'à l'âge du bronze.

NERVURE

Arêtes saillantes des voûtes ogivales, dont elles forment la "charpente", la carcasse.

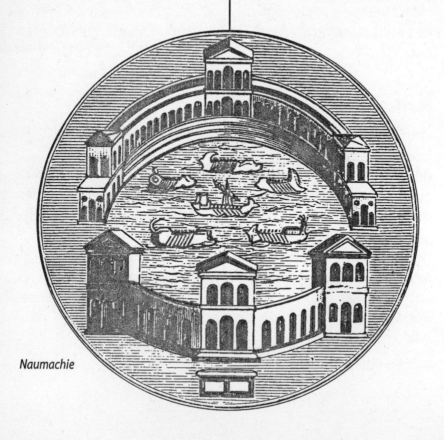

Naumachie

NICHE

Petit enfoncement pratiqué dans un mur. Les niches sont rectangulaires ou cintrées à leur sommet, rectangulaires ou cylindriques. Les niches servent à meubler un parement trop nu. Elles sont fréquentes chez les Romains et chez nos classiques, seules ou surmontées d'un fronton ; elles sont généralement destinées à recevoir une statue.

NIMBE

Le nimbe, qui figure un rayonnement autour de la tête, est l'attribut des saints ; le *nimbe timbré d'une croix* est réservé aux personnes divines. Dans la statuaire, à partir du XIIIe siècle, le nimbe peut être attaché non pas à la tête du personnage, mais à ce qui est derrière la tête, à la niche, à la croix. L'*auréole*, nimbe agrandi qui enveloppe le corps entier, appartient à Dieu et à la Vierge. On appelle *Dieu de majesté* le Christ bénissant assis dans une auréole.

Autel du XIIe siècle d'Avenas (Saône-et-Loire) avec le Christ en majesté dans l'auréole elliptique, entouré de ses apôtres.

Niche

NORMAL

Une ligne est normale à une autre lorsqu'elle lui est perpendiculaire : un joint est normal à une courbe quand il est dans le sens du rayon de cette courbe. Une **norme** était une équerre (du latin *norma)* qui servait à tracer ou à mesurer des angles.

NOUE

Angle rentrant qui résulte de la rencontre de deux versants de toits.

NYMPHÉE

Sanctuaire ou édifice d'agrément, qui recouvrait une source ou des eaux amenées par un aqueduc.

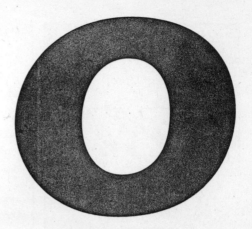

OBJETS DÉCORATIFS

En sculpture, les objets usuels ont fréquemment été motifs de décoration. Dans les écoles primitives, les travaux de vannerie et de corderie, par exemple, tiennent une place importante dans l'ornementation.

D'autres motifs sont imités en partie et en partie inventés. Ainsi en est-il des **phylactères** (voir ce mot), nombreux pendant la période gothique, et des **cartouches** (voir ce mot) qui prirent faveur à la Renaissance : les phylactères sont inspirés de bandes d'étoffe ou de parchemin et servent de champ à des inscriptions. Les cartouches du XVIe siècle rappellent du cuir découpé et enroulé ; sous Louis XIV, les cartouches présentent des moulures, des frontons minuscules, des éléments d'architecture ; sous Louis XV, ils sont de formes plus molles et se compliquent de roches ou de coquilles ; ils reprennent, sous Louis XVI, l'aplomb de leurs lignes et une gravité qui n'est pas sans quelque mièvrerie.

L'art roman a reproduit :

Des *nattes*, *câbles* ou *torsades* ; Des *barils* ; Des *rubans* plissés, de façon à présenter alternativement leurs deux faces ; Des *entrelacs*, dont certains paraissent inspirés des treillis de vannerie ; Quelquefois des *chaînes*, etc.

Câble et Torsade.

Rubans.

Entrelacs.

Grecques.

Ondes.

Postes.

Denticules.

Oves.

Parmi les motifs que les artistes ont tirés de leur imagination, citons : La *grecque* ; Les *ondes*, sinuosités régulières ; Les *postes*, qui paraissent courir l'une après l'autre ; Les *denticules*, qui ont l'aspect de très petits **corbeaux** (voir ce mot) ; Les *oves* ; Les *rais-de-cœur* ;

Les *perles*, les *olives*, qui sont des perles allongées, et les *piécettes*, qui sont des perles très plates vues de profil : perles, olives et piécettes peuvent être enfilées.

Les *godrons*, sont traités différemment dans le style classique et à l'époque romane.

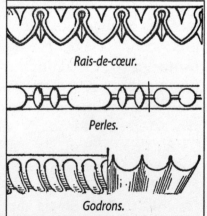

Rais-de-cœur.

Perles.

Godrons.

D'autres éléments décoratifs appartiennent en propre au Moyen Âge : *Les têtes-de-clou*, petites pyramides carrées ; Les *étoiles* ; Les *dents-de-scie* ; Les *plissés* ou *dents d'engrenage* ; Les *festons* ;

Les *besants*, petites pièces rondes et plates ; Les *échiquiers* ; Les *billettes* sur un rang, qui sont plus anciennes, et les billettes sur deux ou plusieurs rangs ; Les *frettes crénelées* ; Les *chevrons*, *zigzags* ou bien *tores brisés* ; Les *triangles alternés*.

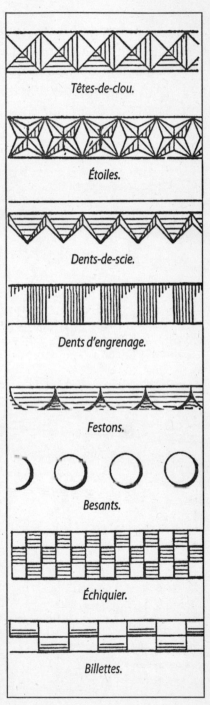

Têtes-de-clou.

Étoiles.

Dents-de-scie.

Dents d'engrenage.

Festons.

Besants.

Échiquier.

Billettes.

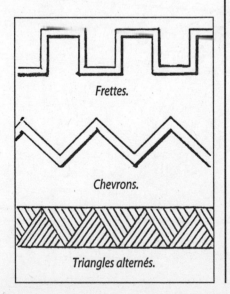

Frettes.

Chevrons.

Triangles alternés.

OBOLE

Petite monnaie grecque de cuivre, de peu de valeur, qui ne valait que 1/5 de drachme. Devenu équivalent d'aumône.

OCULUS

Baie ronde de petites dimensions (synonyme : *œil-de-bœuf*).

Croisée d'ogives du XIIIᵉ siècle.

ŒIL

Fenêtre ronde, qu'on retrouve assez fréquemment dans le tympan du fronton des basiliques latines, et dans des églises du XIe siècle.

ŒUVRE

Synonyme de fabrique d'église, de chantier. *Dans œuvre*, *hors œuvre* se disent de la mensuration en dedans et en dehors des murs.

OGIVAL

Synonyme de *gothique*; voir ce mot. L'époque ogivale commence à la fin du XIe siècle.

OGIVE

Nervure saillante sous les arêtes de la voûte gothique. — Ne pas appeler de ce nom l'arc brisé.

Onciales — XIIIe siècle

OGIVES (CROISÉE D')

On désigne ainsi les nervures ou côtes saillantes qui se croisent et se coupent sur une voûte ogivale et y forment des compartiments courbes triangulaires.

OGIVETTE

Petite ogive.

OLIVE

En forme d'olive, de graine de laurier, et qui entre dans la composition de l'ornement dit **chapelet** (voir ce mot).

ONCIALE

Écriture dont les lettres, majuscules, ont des contours arrondis ; on distingue plusieurs variétés d'onciales, l'anguleuse, l'élégante, la tortueuse; toutes ces écritures peuvent être à double et à simple trait, à trait plein, à trait oblique.

ONDES

Ornement qui dessine des lignes sinueuses, imitant les flots. Le tore *ondulé* est aussi nommé *nébule*. Voir **Objets décoratifs**.

ONGLET

Assemblage, en menuiserie, de deux pièces, dont le joint apparent correspond à la bissectrice de l'angle.

Orant : Louis II, duc d'Anjou (1377-1477)

OPPIDUM

Ville fortifiée (de nombreuses cités gallo-romaines et des châteaux-forts ont été érigés sur des oppidums gaulois) et, par extension, bâtiments qui occupaient l'extrémité d'un cirque et dans laquelle se trouvaient les loges pour les chars et les chevaux.

ORANT

Dans l'art chrétien, personnage en prière.

ORDRE

Ce mot désigne, dans les édifices classiques, les combinaisons diverses des éléments d'architecture, supports, entablement et fronton, ou bien l'ensemble de ces éléments. Dans le premier sens, on distingue les ordres dorique, ionique, corinthien, etc. : dans le second sens, une façade peut présenter plusieurs ordres superposés.

ORIENTATION

Les églises chrétiennes étaient érigées sur un axe allant du levant au couchant du soleil. Chœur à l'orient, porche à l'ouest.

Les églises romanes dédiées à Notre-Dame étaient orientées vers le point où le soleil se lève le 15 août, jour de la Vierge Marie.

OSSUAIRE

Vase de terre cuite, de pierre, de marbre, qui recevait les cendres d'un cadavre, ou bien une urne funéraire faite d'une matière de prix.

Bâtiment d'un cimetière, où les fossoyeurs déposaient les ossements lorsqu'ils nettoyaient d'anciennes tombes pour en aménager de nouvelles.

OSTENSOIR

Pièce d'orfèvrerie destinée à recevoir des hosties (voir **monstrance**).

OUBLIETTES

Cachots du Moyen Âge, dans lequel on jetait des prisonniers condamnés à mort ou dont on voulait se défaire, afin de les y "oublier". Les premiers archéologues ont parfois pris pour des oubliettes d'anciennes fosses d'aisances.

OVE

Ce terme, dérivé du latin *ovum*, désigne : une moulure convexe formée par un quart de cercle et qu'à cause de cette forme on nomme quart de rond ; l'échine du chapiteau dorique ; un ornement ayant la forme d'un œuf, avec des coques de chaque côté ; ces oves sont séparés par des culots ou par des dards.

Voir **Objets décoratifs**.

OVICULE

Ove de faible dimension.

PALÉOLITHIQUE

Période du quaternaire :

- 2 000 000/- 10 000.
— *Paléolithique inférieur* (ou ancien) : jusqu'en - 100 000.
— *Paléolithique moyen* :
- 100 000/- 35 000.
— *Paléolithique supérieur* :
- 35 000/- 10 000.

PALIMPSESTE

Parchemin (voir ce mot) dont on a effacé (ou gratté) la première écriture pour pouvoir le réutiliser.

PALMETTE

Feuille stylisée employée pour la décoration.

PANACHE

Synonyme de pendentif.

PAN DE BOIS

Espèce de mur dont l'ossature, formée de pièces de bois, est garnie d'un remplissage de maçonnerie légère.

Palmette

Pavage en brique, de style ogival primitif : représentant un chevalier.

PANNE

Dans la charpente, pièces longitudinales qui relient les fermes et soutiennent les chevrons.

PANNEAU

Patron en zinc, carton, etc., que l'on applique sur la pierre à tailler pour y reporter le dessin de l'épure.

PARAPET

Garde-fou à hauteur d'appui.

PARCHEMIN

Peau d'animal (mouton, agneau, chevreau, veau...) spécialement préparée pour l'écriture ou la reliure. Les titres de noblesse étaient confirmés sur parchemin, ainsi que certains diplômes universitaires (d'où, par dérision, leur appellation familière de *peau d'âne*).

PAREMENT

Face vue d'un mur, d'une pierre. Quelquefois, revêtement, en pierres d'appareil, d'un mur de blocage.

PARLOIR AUX BOURGEOIS

Nom donné au Moyen Âge aux hôtels de ville, parce qu'ils comprenaient une pièce dans laquelle les bourgeois venaient s'entretenir de leurs affaires et de celles de la commune.

PARVIS

Vestibule ou cour placée au-devant d'une église. Synonyme de **narthex** et de **porche** (Voir ces mots). Aujourd'hui, on donne ce nom aux places devant les cathédrales.

PATENÔTRES

Ornements d'architecture en forme d'olives, de graines de laurier ou de perles, qui décorent des bandeaux et moulures, au-dessous des oves.

PATIN

Pièce de bois posée à plat, sur laquelle porte une charpente, un meuble, etc.

PATTE

Voir **Griffe**.

PAVAGE

Revêtement du sol au moyen de pavés, carreaux de terre cuite, mosaïques...

PAVEMENT

Formé à l'aide de tuileaux, de pierres concassées, de silex ou autres matériaux noyés dans une cendrée ou dans un mortier de ciment, le tout battu avec la dame.

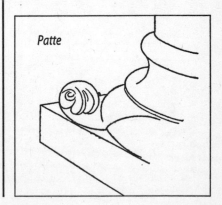

Patte

Pavages d'églises du XIIIe siècle en terre cuite émaillée

PÉDICULE

Petit pilier servant de support, par exemple à un bénitier, d'où les expressions *monopédiculé* (à un seul pédicule) et *polypédiculé* (à plusieurs pédicules).

PEINTURE GALLO-ROMAINE

Les peintures, plus fragiles que les sculptures, nous sont parvenues en plus petit nombre ; il n'est pas rare cependant de trouver dans les ruines romaines des restes de peintures murales, notamment des teintes plates, bandes, panneaux, etc. Les couleurs dominantes étaient le rouge, le blanc, le vert d'eau, le jaune tendre et le gros bleu. Quand la décoration picturale était plus riche, elle comprenait les ornements, sans doute aussi des paysages, comme à Pompéi.

On recourait, pour appliquer les couleurs, à trois procédés : la détrempe, la fresque et l'encaustique. Pour la peinture à fresque, on posait, sur un mur dûment crépi, un dernier enduit très fin et on peignait pendant que l'enduit était encore frais ; la couleur le pénétrait et faisait corps avec lui. Quand on voulait faire de la peinture à l'encaustique, l'enduit comprenait des matières résineuses ; après avoir peint on vernissait et à l'aide d'un réchaud on faisait ressuer le tout.

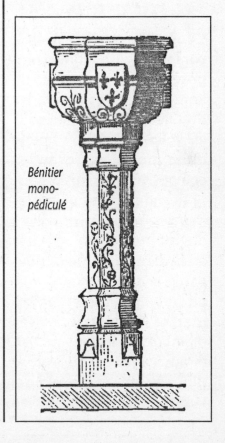

Bénitier mono-pédiculé

PEINTURE CAROLINGIENNE

L'église latine offrait à la peinture décorative les larges surfaces des murs, les pièces de la charpente ou les menuiseries du lambris. Les lois carolingiennes faisaient une obligation de peindre les églises. De cette décoration il ne subsiste à peu près rien.

PEINTURE ROMANE

L'église romane n'est plus, comme l'église latine, composée de murs plats ; les piliers coupent les parois, les doubleaux font saillie sous les voûtes : l'édifice se prête donc moins aux grandes compositions. Il nous est resté néanmoins des peintures murales romanes. Les églises de ce temps étaient peintes en dedans et, au moins pour partie, en dehors.

La polychromie servait à mettre en valeur les membres de la construction et aussi à rendre les statues plus vivantes et plus vraies. Les procédés étaient variés : à la colle, à l'œuf, à la fresque, à l'huile ; faute de siccatif, la peinture à l'huile ne se prêtait qu'à des applications restreintes.

La peinture romane, comme la peinture byzantine, avec laquelle elle a souvent des affinités, est un art tout en formules : la façon de poser un personnage et de le représenter était fixée par la tradition ; l'artiste n'avait pas à chercher dans la gamme des teintes celle qui convenait le mieux : des traités lui indiquaient pour chaque morceau comment il devait composer la couleur.

Un moine du XIe siècle, Théophile, a recueilli plusieurs de ces recettes : pour les chairs, on mélangeait de la céruse jaunie au feu, de la céruse blanche, du cinabre et du sinople ; suivant qu'on voulait une carnation plus rouge ou plus blanche, on forçait la dose de cinabre ou de céruse ; pour une figure pâle, on ajoutait une pointe vert foncé. Une autre couleur, dite *posch*, formée de vert foncé, d'ocre rouge et d'un peu de cinabre, servait pour les yeux, les sourcils, les narines, la bouche, le menton, les fossettes, les rides et pour la barbe des jeunes gens. La lumière, couleur de chair additionnée de céruse, donnait du relief aux parties saillantes du visage, nez, front, menton, etc.

Le coloris est clair : les ocres jaunes et rouges y tiennent une place importante ; les bleus, dont le prix était apparemment élevé, sont employés avec parcimonie. Une gamme harmonieuse de variétés provient de la combinaison de ces couleurs entre elles et avec un lait de chaux. Les teintes sont plates :

Peinture murale romane

touches blanchâtres pour les saillies, traits plus foncés pour les ombres et les contours. De longs traits bruns ou rouges et à pois blancs appuient souvent les grandes lignes de l'architecture.

Les vêtements se collent presque toujours au corps, mais, en certains cas, avec des plis qui sont d'une sobriété, d'une sûreté et d'une noblesse impressionnantes. Ce n'est pas dans les vêtements seuls que le peintre rappelle la vérité plutôt qu'il ne la rend : la figuration des arbres, des maisons, des accidents de terrain, etc., est un schéma mnémotechnique plutôt qu'une imitation.

Cette apparente gaucherie ne provient pas uniquement de l'insuffisance des peintres; elle tient aussi à un principe méconnu de nos jours : un tableau est une fenêtre ouverte sur un sujet, on ne le voit bien que d'un point, celui-là même d'où l'artiste l'a considéré ; c'est donc une erreur de traiter comme un tableau une peinture murale, qui est, elle, destinée à être vue simultanément par un grand nombre de personnes.

Dans des édifices pauvres, la peinture simulait un appareil, relevé d'une fleur sur chaque bloc et qui pouvait être coupé d'une bande plus ou moins large de rinceaux, au sommet des voûtes, par exemple, ou à la hauteur des chapiteaux.

PEINTURE GOTHIQUE

Deux circonstances tendent à modifier dans son principe la peinture murale gothique : en premier lieu, l'église gothique, toute en membrures, n'a guère de larges surfaces plates que dans les voûtes ; en second lieu, l'éclat des grandes verrières aurait éteint les peintures sur les murailles si on n'avait pas donné à ces peintures des tonalités plus vibrantes et plus vigoureuses.

Les peintres gothiques ont donc principalement dessiné des ornements en s'aidant de poncifs ; les artistes du

XIIIᵉ siècle ont appliqué des couleurs chaudes, bruns rouges, bleus profonds, etc., broyées notamment avec la résine ou de la cire. Or, comme chacune de ces teintes, si elle avait rayonné sur la voisine, en aurait modifié la valeur, on les cernait d'un filet noir ou or. On usa des rehauts métalliques et même des incrustations de verre.

Ces procédés, employés dans les monuments les plus riches, comme la Sainte-Chapelle, n'étaient pas de mise pour les édifices plus modestes : dans ces derniers on conservait les appareils simulés et les tonalités ocreuses, sauf à augmenter l'intensité du coloris dans le voisinage des vitraux. Vers le XIVᵉ siècle, on abandonna souvent ces décorations magnifiques : on coloriait vivement les clefs des voûtes et les amorces des nervures ; on jetait par endroits un motif ou un personnage détachés. Il subsiste toutefois de la période gothique des peintures murales d'une grande richesse.

Pour camper les personnages, les peintres avaient des procédés géométriques dont il nous est resté des exemples dans l'album d'un architecte picard du XIIIᵉ siècle, Villard de Honnecourt.

Peinture gothique du XIIIᵉ siècle

Dessin de Villard de Honnecourt, XIIIᵉ siècle

PEINTURE DE LA RENAISSANCE

Le XVIe siècle mêla aux motifs gothiques un répertoire nouveau, qui finit par exclure le précédent. Ce sont des arabesques, des médaillons, des cartouches, des feuillages, des trophées ou encore des paysages, des personnages mythologiques et des scènes. La peinture d'imitation tendait à dominer et de plus en plus on transposait sur les murs les tableaux de chevalet.

PEINTURE CLASSIQUE

Au XVIIe siècle, la peinture devient plus riche de lignes et de couleurs : les guirlandes s'alourdissent ; dans les panneaux prennent place de graves portraits, et dans les plafonds, des groupes que l'on voit en raccourci ; les ors chauffent la tonalité générale et des camaïeux peuvent jeter dans l'ensemble une note supplémentaire.

L'abus de cette opulence solennelle et massive appelait un art plus aimable et plus léger, léger d'idée, léger de dessin, léger de coloris. Le XVIIIe siècle est le temps des paysanneries, des sites riants, des scènes champêtres, des trophées de musettes, chalumeaux, tambourins, arcs et carquois retenus par des nœuds de ruban. La fantaisie crée sur les murs des salons et des boudoirs bien d'autres motifs badins : on y vit même éclore de chinoiseries. En même temps, les lignes s'assouplissaient, la tonalité s'éclaircissait ; on en vint à ces monochromies Louis XVI, en laque grisâtre.

PENDENTIF

Construction en forme de triangle courbe renversé, sous une coupole. Autrefois, on appelait de ce nom le remplissage d'une voûte d'ogives.

Peinture murale de la Renaissance

Porte ferrée,
avec ses pentures,
de l'église d'Orcival
(Puy-de-Dôme)

PENNE

Au Moyen Âge, crénelage d'un mur de château ; et, par extension, le château même.

PENTURE

Bande de fer fixée sur le vantail de la porte et par laquelle ce vantail est suspendu au gond.

PERCHE

Colonnettes adossées aux piliers des nefs de l'époque romano-byzantine et de l'époque ogivale. Ces colonnettes partent depuis le sol et s'élèvent jusqu'à la hauteur des retombées des voûtes dont elles reçoivent les nervures ou croisées d'ogives sur des chapiteaux accouplés.

PÉRIBOLE

Enceinte sacrée d'un temple gréco-romain, contenant des autels et des statues de la divinité, mais encore des édicules et un bois sacré.

PÉRIDROME

Galerie, sorte de promenoir couvert qui faisait le tour d'un temple ou d'un édifice quelconque.

PÉRISTYLE

Ce terme, dérivé du grec, désigne un édifice dont le pourtour intérieur est décoré de colonnes ; synonyme d'**atrium**.

PERLE

Ornement d'architecture composé de petits grains ronds taillés qui décorent des moulures ; on nomme aussi cet ornement **patenôtres** (voir ce mot, et **Objets décoratifs**).

PEULVAN

Synonyme de **menhir** (voir ce mot).

PHYLACTÈRE

Bandes de parchemin ou de peau de vélin sur lesquelles les Hébreux transcrivaient certains passages des livres saints, qu'ils enroulaient autour de leurs bras ou qu'ils posaient sur leur front. Au Moyen Âge, on désignait sous ce terme des banderoles que des anges ou divers personnages représentés en peinture ou en sculpture tenaient dans leurs mains ; ces banderoles portaient des inscriptions.

PIED-DROIT

Montant d'une baie, qui la délimite sur ses flancs et qui en porte la couverture, **arc** ou **linteau**.

PIÉDESTAL

Base d'une construction, base qui supporte une statue, un groupe, une colonne monumentale.

PIERRE (D'ANGLE)

Pierre fondamentale de l'angle extérieur d'un monument.

PIERRES SÈCHES

Les constructions en pierres sèches sont érigées par accumulation, sans mortier.

PIGNON

Partie supérieure triangulaire d'un mur contre laquelle bute le comble et dont les côtés suivent la pente du toit. L'architecture du Moyen Âge ne connaît pas le **fronton** (voir ce mot) ; le pignon a des côtés obliques répondant aux versants du toit et ces côtés se rencontrent suivant un angle plus aigu que les rampants du fronton classique ; de plus, les naissances de ces rampants ne sont pas reliées par une moulure horizontale et le mur monte d'une venue jusqu'au faîte.

PILASTRE

Ce mot désignait les piliers classiques; on le réserve plutôt aux piliers engagés dans un mur ou un support, et formant une légère saillie.

Les Romains avaient imaginé des pilastres du même ordre (dorique, ionique, corinthien) que les colonnes qui leur répondaient, et les architectes modernes n'ont pas manqué de s'approprier cette formule. L'architecture romane a fait, notamment en Bourgogne et en Provence, usage des pilastres cannelés.

PILE

Synonyme de pilier. S'emploie presque uniquement pour désigner les supports entre deux arches d'un pont, les supports des extrémités s'appelant culées.

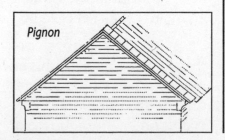

Pignon

PILIER

Support vertical isolé qui n'est pas une colonne. On appelait autrefois *pilier butant* le **contrefort** (voir ce mot). Il est de règle constante que les piliers entre **abside** et **déambulatoire** (voir ces mots) soient plus légers que les autres ; ce sont très souvent de simples colonnes.

À cette exception près, les piliers des églises tendent à devenir, depuis les origines, de plus en plus compliqués. C'étaient fréquemment, au début, des colonnes arrachées aux ruines romaines ; puis, la colonne fut remplacée par le pilier simple sur plan carré. Dès l'époque latine, la nécessité d'équilibrer les voûtes des bas-côtés et de recevoir sur un support la retombée des divers arcs oblige de renforcer de dosserets les piles simples ; il en résulte plusieurs combinaisons, dont la plus ordinaire consiste dans le pilier en croix. On a de ces piliers cruciformes dans les constructions préromanes.

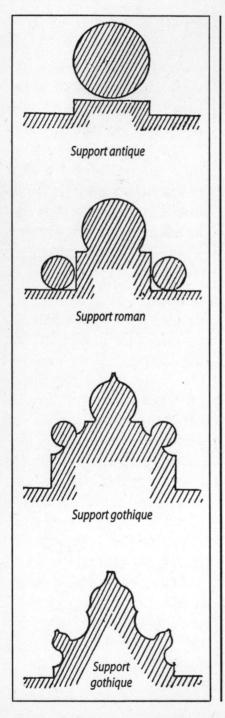

Support antique

Support roman

Support gothique

Support gothique

Le pilier étant fait pour porter une charge, ses formes varient suivant cette charge. C'est dans les arcs, c'est dans les voûtes que les changements s'opèrent d'abord.

La voûte romane, les arcs romans présentaient des nervures saillantes ; il fallut donc armer les supports de colonnes et de pilastres destinés à recevoir ces nervures. En général, les colonnes sont des colonnes engagées, qui font corps avec le pilier et qui sont montées en même temps que ce dernier.

Dès l'époque romane, noyau et colonnettes sont maçonnés ensemble. La colonne antique est tantôt adossée, tantôt engagée de moitié dans le mur voisin ; la colonne romane est engagée d'un tiers environ ; la colonne gothique est absorbée par le pilier : on distingue de moins en moins celui-ci et celle-là.

Le plan des supports gothiques ressembla de plus en plus au profil des membrures qui s'y appliquaient. Cette évolution en vint à un point où fut inutile le chapiteau, qui servait de transition entre le support et la charge : le chapiteau disparut alors et les nervures descendirent jusqu'au sol.

PINACLE

Amortissement en forme de pyramide ou de cône, orné de fleurons, servant de couronnement à un contrefort.

Les maîtres d'œuvre des derniers temps du gothique ont abusé des pinacles : ce sont de petits édicules de pierre, plus ou moins percés sur leurs faces, ornés de crochets sur leurs angles et que l'on dresse en haut des **contreforts** et des **pilastres**, à la naissance d'une **flèche** ou d'un **pignon** (voir ces mots). Le pinacle avait pour but de lester la maçonnerie sur laquelle il était élevé, d'en empêcher le glissement.

Par exemple, le rampant d'un pignon a une tendance à s'échapper vers le vide ; le constructeur ménage donc, à la naissance, un petit arrêt horizontal et il le charge d'un pinacle.

Des pinacles décoratifs ornent jusqu'aux montants des balustrades ; le Moyen Âge et surtout la période gothique n'admettaient pas qu'un membre vertical restât sans remplir une fonction, sans porter un couronnement. Le résultat fut un hérissement foisonnant d'aiguilles et de clochetons.

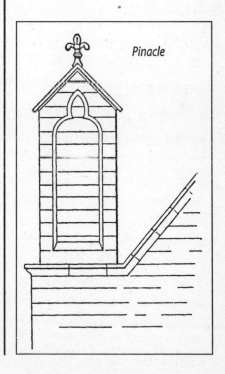

Pinacle

PIRIFORME

Voûtes qui affectent la forme d'une poire.

PISCINE

On appelle piscine, dans l'architecture religieuse, une sorte de bassin pratiqué dans les crédences, foré d'un trou vers son milieu et dans lequel on jette certaines ablutions.

PISÉ

Terre pilonné.

PLACE FORTE

Les places fortes sont de nature et d'importance très variables : des enceintes abritaient une grande ville et une garnison nombreuse ; dans les Pyrénées, des tours de guet avaient pour toute garnison un ou deux hommes et un chien : l'homme surveillait le pays et signalait les dangers par des feux ou des fumées dont le nombre était proportionné à la force de l'ennemi. Les églises voûtées, massives et résistantes, étaient à peu de frais mises en état de soutenir un assaut : la défense était installée dans le clocher ou entre voûte et toit. Les moulins pouvaient être fortifiés et aussi les manoirs, les monastères, les villages : dans la langue du Moyen Âge, *castrum* ne désigne pas un château, mais un village clos de murs.

Dans le monde gallo-romain, les *castra* sont des camps. Les troupes romaines se retranchaient tous les soirs pour prendre leur repos, à ce point qu'elles comptaient les journées de marche par le nombre de camps qu'elles avaient établis. Ces camps de passage s'appelaient *casta aestiva*, camps d'été, parce que l'on ne faisait guère campagne que pendant cette saison.

Les *castra hiberna*, où les troupes prenaient leurs quartiers d'hiver, étaient entourés de défenses plus solides et ils comportaient des baraquements.

Les *castra stativa* étaient des camps permanents, qui pouvaient être utilisés comme gîtes d'étape, mais dont l'objet était d'occuper une position stratégique. Parmi ces derniers camps, beaucoup ont donné naissance à des villes.

Le camp devait décrire un rectangle légèrement allongé ; en réalité, le plan était approprié aux circonstances, surtout au relief du sol. Quelle que soit la place forte, il est d'usage qu'elle comprend l'enceinte et un réduit ; dans les châteaux, ce réduit est le donjon. Les plus anciens donjons étaient des tours de bois posées sur des mottes de terre rapportée, qu'il ne faut pas confondre avec les *tumuli* préhistoriques.

PLAFOND

On appelle plafond la couverture, vue par-dessous, d'une salle, lorsque cette couverture n'est ni une voûte, ni un toit. Bien que le plafond puisse n'être que la face inférieure du plancher, il ne faut pas confondre ces deux termes.

Château à motte, place-forte du Xe siècle.

PLAISANCE (CHÂTEAUX DE...)

Le château de plaisance des bords de la Loire est dans la continuité, dans ses grandes lignes, du château fortifié des XIVe-XVe siècles ; à Chambord, qui fut commencé en 1519, le plan rappelle le château de plaine de l'époque antérieure : tours d'angle, donjon sur un côté et, au revers des courtines, une enfilade de pièces qui entourent une cour ; en élévation, l'importance et la multiplicité des combles coniques sont également dues à une vieille tradition. Ussé, Chenonceaux (1515-1524), Azay-le-Rideau (1516-1524), Chaumont sont encore plus Moyen Âge que Chambord.

Ce qui constitue des innovations, ce sont les percements larges sur l'extérieur, l'abaissement de partie des courtines, les pilastres, les cordons horizontaux formant comme un entablement à chaque étage, les fenêtres superposées, les motifs classiques, enfin, dans la composition de l'ensemble, la recherche de la symétrie et de l'effet monumental.

À la même époque, dès le règne de François 1er, d'autres châteaux sont conçus différemment : Blois (aile François 1er), entrepris peu après 1515, Fontainebleau en 1528, Ecouen en 1532. Il est vrai que ce ne sont pas, à proprement parler, des châteaux, des résidences rurales ; ce sont plutôt des palais urbains transportés aux champs.

Peu à peu les tours d'angle cédèrent la place à des pavillons carrés ; les perrons formèrent soubassement ; les combles prirent une silhouette nouvelle. Au XVIIe siècle, le classicisme pompeux avait détrôné le pittoresque féodal.

PLANCHER

Ensemble des pièces en bois qui forment et portent le sol d'un étage. On fait aussi des planchers en métal et même en métal et maçonnerie.

PLATE-BANDE

Architrave ou linteau. Ce mot s'emploie principalement à propos des linteaux ou architraves appareillés.

PLATE-BANDE APPAREILLÉE

Les plates-bandes appareillées sont constituées par des blocs taillés en coin, à la façon des claveaux et dont les joints convergent vers un point. Certains de ces linteaux ont des *crossettes*, par lesquelles les blocs s'accrochent l'un à l'autre.

Si le linteau monolithe est sujet à se casser, le linteau appareillé risque de s'effondrer. On combine volontiers l'un ou l'autre avec un arc : l'arc, placé au-dessus du linteau, détourne de celui-ci la pesée des maçonneries supérieures, — c'est un **arc de décharge**.

PLÂTRE

Le plâtre et le stuc permettent d'obtenir non seulement des enduits unis, mais aussi, à défaut de sculpture dans la pierre, des moulures et même d'autres ornements en relief. Le plâtre est fragile et on ne l'emploie qu'à l'intérieur. Le Moyen Âge s'en servait principalement comme d'une matière agglutinante, d'un mortier.

PLEIN-CINTRE

Tracé d'un arc en demi-cercle (Voir **Arc**).

PLINTHE

Assise carrée au bas d'une colonne, d'un mur. Est à peu près synonyme de socle.

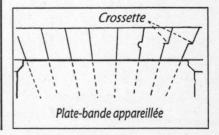

Crossette

Plate-bande appareillée

POCHOIR

Feuille dans laquelle est découpé un dessin et qui sert à reproduire ce dessin sur un mur, sur un panneau de bois, etc.

PODIUM

Construction élevée autour de l'arène d'un amphithéâtre ou d'un cirque, sur la plateforme de laquelle étaient les places des spectateurs de premier rang.

Soubassement de peu de hauteur formant autour d'une chambre une sorte de mur d'appui, sur lequel on pouvait disposer divers objets. Par extension, estrade.

POINÇON

Dans la charpente, pièce verticale qui monte du milieu du tirant à la tête des arbalétriers.

POITRAIL

Pièce ou assemblage de pièces de bois ou de fer, dont les extrémités sont posées sur des supports et qui soutiennent des maçonneries supérieures.

PONCIF

Synonyme de **pochoir**.

PONT

Le réseau des voies romaines rendait nécessaire des ponts nombreux, que le Moyen Âge utilisa longuement. L'ordre des frères Pontifes fut créé, au XIIe siècle, pour construire, comme l'indique leur nom, et entretenir les ponts.

Pendant l'antiquité, les arches dessinaient un plein-cintre ou une courbe approchante ; les maîtres d'œuvre gothiques adoptèrent plutôt l'arc brisé ; cette forme a un avantage — elle est plus solide - et des inconvénients — elle exagère la hauteur, d'où il suit qu'elle exige soit un tablier en dos d'âne, soit des rampes d'accès. On traça donc, depuis le XVIe siècle, des arches de plus en plus surbaissées ; on les fit aussi de grandes portée, pour diminuer le nombre des piles : les piles, en effet, encombrent le lit et gênent le cours, d'autant plus qu'il fallait d'abord les faire très grosses pour les fonder solidement, ensuite les protéger par des enrochements.

Les Romains plaçaient volontiers des arcs de triomphe sur les ponts. Tous les ponts importants du Moyen Âge étaient fortifiés, chargés d'une ou plusieurs tours où pouvaient se tenir, soit les agents chargés de lever les péages, soit la garnison qui avait à défendre le passage. Sur les ponts on plaçait aussi des croix, des chapelles, quelquefois des moulins et des boutiques.

Pont romain

PORCHE

Avant-corps couvrant une porte et s'ouvrant vers le dehors. On distingue : l'*atrium*, cour carrée qu'entourent des portiques ; — le *narthex*, avant-corps formé d'un portique plaqué sur la façade des anciennes basiliques; le narthex est pareil à un côté de l'atrium ; — le *porche*, avant-corps de formes diverses, qui s'ouvre sur l'extérieur; — l'*avant-nef*, que l'on appelle aussi *galilée* ou *pronaos*, sorte de nef antérieure qui existe dans quelques grandes églises monastiques; — le *parvis*, espace à ciel ouvert entouré d'une clôture basse.

Portail du **XIIIe** *siècle.*

PORTAIL

Porte importante accompagnée de son ordonnance architecturale : façade où est percée la porte. Frontispice d'architecture, élévation qui sert de façade d'entrée à un édifice, principalement la façade ogivale d'une église, d'une cathédrale.

PORTE D'ÉGLISE

Les portes principales sont l'un des morceaux essentiels dans l'architecture des églises romanes aussi bien que des églises gothiques.

La porte des églises latines est simple, si on la compare aux portes de la période qui suivit. Les portes romanes sont souvent riches. Pour donner à l'encadrement son importance, on a multiplié les voussures et les jambages. Il a fallu augmenter également les dimensions de la baie. Comme on ne pouvait pas accroître indéfiniment la longueur du linteau, on le soulagea au milieu par un montant ou *trumeau*. Il était naturel de placer contre ce trumeau une statue, qui peut-être conduisit à en poser d'autres contre les jambages. Enfin, pour avoir l'épaisseur de mur nécessaire à des encadrements aussi profonds, on logea souvent la porte dans un avant-corps, qui eut parfois son couronnement et sa corniche.

Les statues des jambages sont d'abord raides et collées à la colonne, quand elles ne la remplacent pas sur une certaine hauteur : au XIIIe siècle, elles prennent une allure plus dégagée et se détachent en avant du pied-droit. Au cours du même siècle, l'usage se répandit d'abriter les personnages sous un **dais** (voir ce mot), que ces personnages soient sur les jambages ou dans les voussures.

L'arc de nombreuses portes, aussi bien romanes que gothiques est surélevé, à cause du linteau, qui sans cette précaution réduirait la surface du **tympan** (voir ce mot).

Le **gâble** (voir ce mot) se posa sur l'arc des portes dès

l'époque romane. On plaqua des statues sur des gâbles gothiques ; ils furent de plus en plus travaillés, contournés, tourmentés ; ils prirent une forme en accolade et finirent par être évidés comme des fenêtres.

La porte revint, sous la Renaissance, à des lignes plus sages : le plein-cintre et l'ellipse prirent la place de l'arc brisé ; puis, le linteau droit succéda au plein-cintre. On eut alors de grandes baies carrées, nues ; l'ornementation de la façade résida surtout dans les colonnades. On n'obtint plus, comme à Notre-dame de Paris, Amiens, Bourges, etc., un alignement de trois ou cinq portes dont les ébrasements profonds et peuplés de statues constituaient à eux seuls un merveilleux décor.

Porte du XIIIe siècle.

PORTIQUE

Galerie qui s'ouvre, sur l'un au moins de ses deux flancs, par une colonnade.

POSTICUM

C'est, dans le temple antique, la partie qui est en arrière de la **cella** (voir ce mot), donc opposée au *pronaos*.

POTERIES

Terme générique : tous les objets de terre cuite, principalement les creux et ceux en forme de vases.

POTERNE

Petite porte dans une muraille fortifiée. Ce terme, dérivé du latin, signifie littéralement porte de derrière. C'était une fausse porte placée sur quelques points du rempart, qui donnait accès aux fossés d'où on arrivait sans être vu des assiégeants.

POURTOUR

Voir **Déambulatoire**.

POUTRE DE GLOIRE

Voir **Arc triomphal**.

PRÉAU

Espace à ciel ouvert qu'entourent des logis, des galeries d'un cloître, etc.

PRÉHISTOIRE

Période concernant l'humanité avant l'apparition de l'écriture et le travail des métaux. La préhistoire ne peut pas dire, même à des centaines d'années près, quelle fut la durée des temps qu'elle étudie. Nous savons, du moins, que les premières phases furent très longues : les hommes de ces époques reculées ont vu s'accomplir des phénomènes géologiques qui ont modifié l'aspect de notre globe ; ils ont traversé une période de chaleur, une période de froid humide, une période de froid sec, lesquelles ont changé les conditions de leur existence et de leur habitat. Quant aux bouleversements d'ordre historique, nous les ignorons. D'où venaient les hommes quaternaires ? Quelles migrations les ont conduits dans ce qui est aujourd'hui l'Europe ? Nous sommes également réduits, en ce qui concerne leur degré de culture, à des hypothèses fondées sur des comparaisons avec les peuplades sauvages contemporaines. L e s hommes, groupés en petites tribus, étaient obligés de se défendre contre les bêtes féroces : hippopotame, rhinocéros, hyène, puis grand ours, mammouth, lion, renne, bison, grand cerf, antilope saïga, etc. Sans négliger la pêche, ils demandaient surtout à la chasse leur alimentation et leurs vêtements.

L'homme n'avait pas apprivoisé le chien et le cheval, ni le bœuf et le mouton, et il luttait seul, avec des armes et des outils très rudimentaires. C'étaient à l'origine, des silex taillés par percussion et par pression, servant de poignards, de haches, de pointes de flèche et qui ont donné son nom à l'**âge de la pierre éclatée** ou **période paléolithique**. Ce furent ensuite les armes et les outils en pierre polie de la **période néolithique**. Puis apparut le cuivre et peu après le bronze ; le fer commença d'être employé en Gaule mille ans environ avant notre ère. Le métal fut d'abord une rareté coûteuse réservée aux chefs ; de longtemps l'introduction de l'outillage métallique ne modifia sensiblement ni le style de l'art ni les procédés de l'industrie. Il y eut à cet égard, non une révolution, mais une évolution graduelle : on peut en conclure que l'usage du métal fut apporté par des commerçants et non par des conquérants.

Dès l'âge de la pierre polie, les hommes ne nos contrées furent en rapport avec l'Orient ; il y eut des relations commerciales entre les côtes de l'Atlantique et le bassin méditerranéen, pendant que des caravanes répandaient à l'intérieur les matières précieuses et les objets fabriqués. Ce négoce rudimentaire exerça peu à peu une action effective : les fouilles nous révèlent des traces de ces échanges.

Sans l'histoire et sans textes, nous ignorons les invasions qui amenèrent sur notre sol, vers les VIe-Ve siècles avant notre ère, les Celtes venus d'au-delà du Rhin, les Ibères d'au-delà des Pyrénées. Voir **Caverne**, **Grotte**, **Mégalithe**.

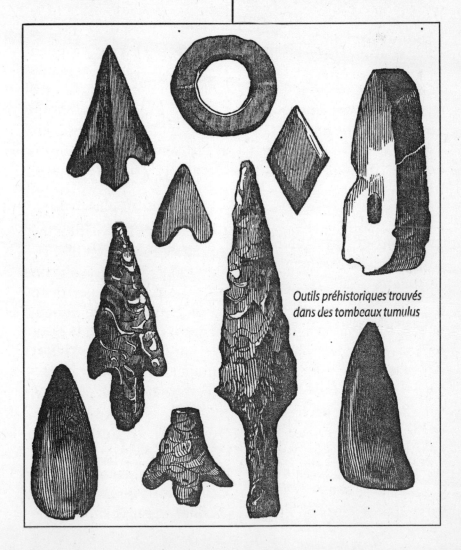

Outils préhistoriques trouvés dans des tombeaux tumulus

PRISMATIQUE

Moulure qui présente les facettes d'un prisme, et qu'on
rencontre quelquefois dans
les archivoltes romano-byzantine. On désigne sous le
même terme des moulures
caractéristiques du style ogival tertiaire, qui affectent,
surtout par leur base, la forme de prismes.

PROPORTIONS DES STATUES

Si des statues de portail sont
rigides, en *tuyau d'orgue*,
c'est qu'elles sont plaquées
contre des pieds-droits ; elles
portent et, pour ce motif,
elles doivent rester dans la
ligne verticale. Le tailleur
d'images tenait compte et
du rôle dévolu à sa sculpture
et de la place qu'elle devait
occuper. Quand on regarde
de bas une statue assise, le
buste se raccourcit et les
cuisses s'allongent ; l'artiste
doit donc faire le buste long
et les cuisses courtes.

PROTOHISTOIRE

Période concernant l'humanité qui suit immédiatement
l'apparition de l'écriture et le
travail des métaux, et achève
la préhistoire. Certaines civilisations mégalithiques sont
protohistoriques.

PRESBYTÈRE

Terme dont on se sert dans
de vieux textes pour désigner l'abside.

PRISMATIQUE

Se dit des moulures dont le
profil sec donne l'impression
des arêtes d'un prisme.

PROFIL

Figure que donne la coupe
— en long ou en travers,
mais surtout en travers —
d'un objet.

PRONAOS

Dans le temple antique, portique en avant de la **cella**.
Dans l'église, voir **Porche**.

PUITS

Dans les églises romanes, souvent bâties sur des lieux sacrés celtiques, on trouvait un puits d'où l'on tirait l'eau du baptême et des ablutions.

PYLÔNE

Porte monumentale de forme pyramidale qui servait d'entrée à l'enceinte des principaux édifices égyptiens. L'intérieur des pylônes renfermait des escaliers et des chambres ; c'est par les petites fenêtres carrées de celles-ci qu'on hissait les bannières des mâts plantés devant les pylônes.

PYRAMIDE

Construction à base rectangulaire dont le sommet se termine en pointe ; les quatre faces de la pyramide sont des triangles.

Puits roman

QUADRILOBE

Voir **Quatre-feuilles**.

QUART-DE-ROND

Moulure convexe dont le profil dessine à peu près un quart de cercle.

QUATRE-FEUILLES

Figure formée de la réunion de quatre lobes. On désigne sous le même terme une rosace formée de quatre divisions, dans le haut des baies de l'époque ogivale.

QUEUE

Partie profonde d'une pierre dans une maçonnerie.

QUEUE D'ARONDE

Mode d'assemblage employé pour le bois, la pierre, le fer, ainsi nommé parce que le tenon en est taillé en forme de queue d'hirondelle, anciennement aronde et hironde. Cette queue s'emboîte dans une entaille. Les Anciens employaient des doubles queues d'aronde pour réunir les pierres entre elles.

QUINTEFEUILLES

Rosace composée de cinq lobes. Voir **Quatre-feuilles**.

RACHETER

Ménager la transition à une forme donnée : dans la coupole, les pendentifs rachètent le carré.

RADIER

Grille de charpente pour servir de base à un ouvrage ; sol artificiel au fond d'un canal, d'une écluse, etc.

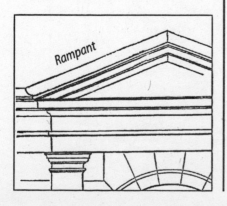

Rampant

RAGRÉER

Tailler un parement pour l'unir et le parfaire.

RAIS-DE-CŒUR

Ornement consistant en une suite alternée de feuilles et de dards (Voir **Objets décoratifs**).

RAMPANT

Oblique. L'*arc rampant* est celui qui monte, dans le sens de la profondeur, ou dans le sens de la largeur ; dans ce dernier cas, il est souvent fait de deux ou plusieurs courbes dyssymétriques, dont les centres sont placés à des niveaux différents. Partie inclinée d'un toit, d'un fronton, d'un pignon…

RAMPE

Balustrade qui borde un escalier du côté du vide. - Ne pas confondre avec la main courante, qui est le couronnement de la rampe.

RAVALER

Nettoyer un mur par une taille légère ou, peut être aussi, par l'application d'un enduit.

Fenêtre en style rayonnant

RAYONNANT

Qui s'étend dans le sens de rayons, comme les chapelles autour du déambulatoire. Se dit aussi de la période gothique correspondant à 1250-1400 environ, ainsi nommé parce que le cercle joue un grand rôle dans le réseau des fenêtres ; on le nomme aussi *style ogival secondaire*.

REDAN

Ce mot désigne un saillant formé par la rencontre de deux faces, les ressauts que décrit de distance en distance une ligne d'architecture pour racheter la déclivité du sol.

REDENT

Saillie formée par les lignes d'encadrement à l'intrados d'un arc, à l'intérieur d'un gâble, etc.

RÉFECTOIRE

Dans les monastères, le réfectoire est souvent une vaste et belle salle située sur le côté du cloître opposé à l'église. Le réfectoire de certains monastères est divisé dans le sens de la largeur en deux nefs, séparées par une série de colonnes. Une chaire pour le lecteur est contre l'une des parois longitudinales. Près de l'entrée du réfectoire et dans le cloître se trouve le *lavabo*. Quelques lavabos sont abrités sous des édicules, qui empiètent sur le préau.

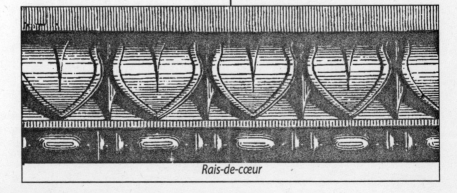

Rais-de-cœur

REFEND (MUR DE)

Mur de séparation, à l'intérieur d'un édifice.

RÉGIOLE

Petite porte placée devant le *martyrium* d'un autel, contenant les restes d'un saint. Les fidèles introduisaient par les régioles des linges pour les faire toucher aux reliques, et avoir ainsi des amulettes.

RÉGLET

Autre nom du **listel** (voir ce mot), petite moulure plate et droite.

RELIQUAIRE

Écrin, souvent somptueux, destiné à recueillir et à présenter des reliques aux fidèles (voir **reliques**).

Reliquaire en bois, avec plaques de cuivre, du XIIIe siècle.

RELIQUES

Les saintes reliques, au Moyen Âge, firent l'objet d'un important trafic. On se disputait les restes de la Sainte Croix, ou du Saint Suaire, mais aussi dents, ossements et accessoires supposés avoir été ceux d'un des nombreux saints martyrs de la légende chrétienne... Saint Louis fit construire la Sainte Chapelle, chef-d'œuvre gothique, pour recevoir les reliques achetées à l'empereur de Constantinople, endetté. Objet de vénération des foules, motif de pèlerinages, les reliques faisaient la richesse des églises ou des monastères qui les contenaient. Il n'était pas rare que des moines, pour la gloire - et le profit - de leur abbaye, volent les reliques d'un autre monastère.

REMPART

Levée de terre qui constitue l'enceinte d'une place moderne. - Ne pas employer ce mot comme synonyme de muraille.

REMPIÉTER

Refaire le pied d'une construction.

REMPLAGE

Synonyme de *Remplissage*. Se dit de la maçonnerie dont on remplit un pan de bois, l'intervalle entre les revêtements d'un mur, etc. Le remplage est aussi la garniture de meneaux qui est montée dans une baie.

RENAISSANCE (ART)

La Renaissance est le résultat de causes multiples. Le Moyen Âge s'était parfois inspiré de l'antiquité ; le séjour d'artistes italiens en France, puis les guerres d'Italie ouvrirent notre pays à l'art italien, tout pénétré lui-même des influences antiques.

Cependant, l'architecture gothique française était trop vivante et trop robuste pour disparaître aussitôt : la Renaissance a été chez nous une combinaison de deux formules plutôt que la sub-

Panneau en bois Renaissance

stitution de l'une à l'autre. Cet état de choses correspond approximativement à la période 1520-1590 : avant, c'est l'art du Moyen Âge ; après, c'est l'art classique.

Le XVIe siècle et les siècles suivants assistèrent à un développement démesuré de la puissance royale; l'art cessa d'être l'expression de l'esthétique populaire; il prit un caractère officiel et fut plus directement soumis au goût personnel du monarque. Grâce à l'accroissement de leurs ressources, aux progrès de la centralisation, enfin à l'organisation administrative de l'enseignement des beaux arts, François 1er et Louis XIV, notamment, ont marqué de leur empreinte l'art de leur temps : Chambord reflète les aspirations fastueuses de François 1er; dans Versailles, où il dépensa des centaines de millions, comme dans la colonnade du Louvre, transparaît ce goût de la magnificence disciplinée qui était l'un des traits dominants du caractère de Louis XIV.

Pendant la Renaissance, les modifications s'affirment en premier lieu dans la décoration. À l'origine de la Renaissance, sur des édifices restés gothiques on sema des ornements en vogue : des arabesques, des rinceaux, des médaillons ; on rappela discrètement les ordres antiques par des pilastres plats, ornés de losanges et appliqués sur les cadres des baies.

En règle générale, la Renaissance réagit contre les lignes trop verticales et contre les dessins tourmentés du gothique flamboyant ; elle préfère, particulièrement dans les édifices autres que les églises, les berceaux aux croisées d'ogives ; elle remplace les flèches par des coupoles de dimensions réduites. Ce style est, d'ailleurs, assez souple pour admettre la fantaisie et l'originalité.

C'est surtout dans la construction des hôtels que se conserva la grâce de la Renaissance française ; plus tard, dans ces habitations de secondaire importance, principalement dans les inférieurs, s'affirmèrent le style Régence, le style Rocaille ou style Louis XV, et, dès le milieu du XVIIIe siècle, le style Louis XVI.

Le style Rocaille, d'une fantaisie débordante, ne tolérait pas la ligne droite. Le style Louis XVI demanda des leçons de mesure à l'antiquité grecque et l'interpréta très librement : il revint à des formes rationnelles ; l'horizontale et la verticale reprirent leurs droits.

RÉSEAU

Broderie du couronnement ou tympan d'une fenêtre de l'époque ogivale. Moulures en réseau : nattes ou entrelacs décorant un bandeau ou une partie de mur.

RÉSILLE

Ensemble des plombs servant à réunir les différentes pièces de verre composant un vitrail.

RESSAUT

Saillie d'une ligne d'architecture. Ainsi certains entablements romains ressauter pour supporter des statues.

RÉTICULÉ

Se dit de l'appareil dont les joints en diagonale rappellent le dessin d'un filet.

RETOMBÉE

Partie inférieure d'un arc ou d'une voûte, premiers claveaux d'une voûte qui portent sur une colonne, un pilastre, des colonnettes.

Rinceaux Renaissance.

RETOUR

Faire retour se dit d'une moulure, d'une ordonnance, etc., qui passe d'une face d'un édifice à la face voisine. *En retour d'équerre* signifie à angle droit.

RETRAITE

Le contraire d'une saillie, diminution d'épaisseur d'une maçonnerie par rapport à la maçonnerie qui est à côté ou au-dessous, d'un mur par rapport à son soubassement.

RINCEAU

Ornement sculpté ou peint, fait de branches entrelacées, de feuilles stylisées décorant

les frises et les pilastres. Le mot rinceau, que l'on emploie souvent à tort, désigne proprement une tige qui ondule suivant une ligne régulière et qui jette des pousses à droite et à gauche.

Des rinceaux romains développent sur des frises ioniques ou corinthiennes leurs enroulements; d'autres rinceaux du même temps sont, au contraire, raides et maigres, comme certains rinceaux romans où l'on a cherché une influence byzantine. Les rinceaux romans sont parfois riches et gras, surtout dans les écoles provençale et bourguignonne, et parfois pauvres et grêles ; la tige peut être relevée de côtes, ou creusée en gouttière, ou ornée de perles, ou enfin entremêlée d'animaux et même de personnages. Pendant la Renaissance, les rinceaux tiennent moins de la sculpture que de la ciselure, et la pierre est traitée comme du bronze. Aux approches du XVIIe siècle et de nouveau vers la fin du règne de Louis XIV, la tige du rinceau se brise. Dans le style Louis XVI, des rubans se combinent avec les rinceaux.

RIPE

Outil de tailleur de pierre en forme de ciseau recourbé et dentelé et qui est monté sur un manche; la ripe sert à racler la pierre.

RIVE

C'est le côté, le flanc : le mur de rive est un mur latéral, par opposition au mur de tête.

ROMAN (ART)

La période romane s'étend depuis le commencement du XIe siècle jusque vers le milieu du XIIe. Des chroniques signalent que, peu après l'an 1000, une fièvre de reconstruction s'emparant de la chrétienté, le monde se couvrit d'une blanche robe d'églises. Il semble, en effet, qu'à la faveur de la paix sociale restaurée, on éleva, durant la première moitié du XIe siècle, un très grand nombre d'édifices religieux.

Les entreprises, même les plus utiles, comme la construction d'un pont, n'avaient pas de dotation. Quand on avait décidé de faire ce pont, on fondait une confrérie pour recueillir les dons et ordonner les dépenses au mieux des intérêts de l'œuvre. Une telle pénurie imposait la nécessité de scin-der les travaux et, dans les édifices de quelque importance, d'élever successivement les parties, des tranches verticales. On commençait généralement les églises par le chevet, par l'Est.

Les architectes, les maîtres d'œuvre, n'étaient pas des artistes instruits dans des écoles spéciales ; c'étaient des artisans, d'ordinaire des tailleurs de pierre, plus habiles que leurs camarades, mais, comme ceux-ci, formés sur les chantiers aux leçons de la pratique. Leur science était faite de traditions et d'observations personnelles, d'expérience et de bon sens.

Enfin, la féodalité avait morcelé la France en une foule de seigneuries, qui étaient, en fait, de petits États. Ainsi s'explique la variété qui est l'un des charmes de l'art médiéval. Les provinces n'étaient pas toutefois si hermétiquement fermées qu'il en fût impossible de recevoir et d'adopter certaines formes venues des provinces voisines ou même de pays loin-

Porche roman de la cathédrale du Puy

tains : les pèlerinages, les Croisades et surtout le commerce des objets mobiliers, ivoires, soieries, etc., amenèrent la propagation de motifs d'origine orientale.

De même que le langage populaire, issu du latin, se décomposait et se transformait au point qu'il forma les langues romanes, de même, l'art de bâtir, qui procédait de l'art romain, s'en éloigna de plus en plus et constitua une architecture originale, à laquelle on a donné le nom d'architecture romane.

L'architecture romane a assoupli et simplifié les formules de l'architecture antique. Dans son principe essentiel, l'architecture romane privilégia la construction en pierre sur la construction en bois.

Dans les églises de la période latine, quand le feu s'y déclarait, il atteignait aisément la charpente ; celle-ci tombait, formant un brasier, les colonnes éclataient et l'édifice entier s'effondrait. Dès une époque reculée, on avait voûté certaines parties des églises et la voûte s'était peu

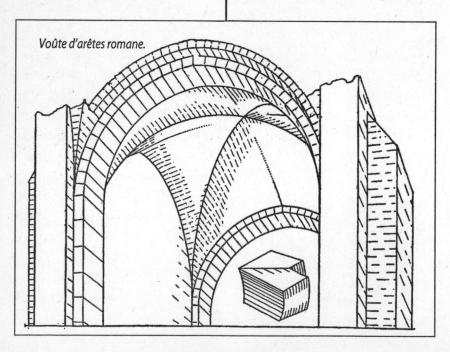

Voûte d'arêtes romane.

à peu étendue. Durant la période romane, elle gagna, du moins dans la plupart des contrées, l'église tout entière. Parallèlement, la construction en pierre atteignit l'architecture militaire et les plus notables productions de l'architecture civile.

Cette prédominance de la voûte et de la pierre est la caractéristique la plus importante de l'architecture romane. Les voûtes romanes continuent celles de l'art romain : voûte en berceau, voûte d'arêtes, coupole.

La voûte en berceau a quelquefois, surtout pendant le XIe siècle, un tracé légèrement outrepassé, en *fer-à-cheval*. Plus souvent, depuis le XIIe siècle, elle est pointue, en *arc brisé*, ou, comme on dit, en *ogive*.

L'arc brisé est plus solide, plus stable que le plein-cintre : il garde du plein-cintre les parties basses, qui travaillent le moins ; il en supprime la partie haute, qui travaille le plus. En outre, l'arc brisé peut être plus au moins aigu ; il ne suppose pas un rapport constant entre ses deux dimensions en hauteur et en largeur, et il permet de porter la clef au niveau où elle doit être pour l'utilité de la construction ou pour l'agrément des yeux.

La voûte d'arêtes romane est fréquemment établie sur **doubleaux** (voir ce mot) et bombée. L'usage systématique des doubleaux est l'un des caractères de l'architecture romane. Il présentait entre autres cet avantage de fractionner les voûtes ; on pouvait ainsi exécuter les travées l'une après l'autre.

On est porté à croire que l'évolution de la construction romane aboutit au gothique. En réalité, les provinces qui élevaient de beaux édifices romans n'éprouvaient pas le besoin de trouver autre chose : le gothique a vu le jour en des régions qui maniaient mal la construction romane. Le gothique n'est pas le roman perfectionné : c'est une formule nouvelle et bien distincte.

RONDE-BOSSE

Voir **Bas-relief**.

ROSACE

Ornement de forme ronde plus grand que la rose.

ROSE

Ornement en forme de fleur ronde. Grande baie circulaire.

ROULEAU

Rang courbe de claveaux. Un arc est à un, deux ou plusieurs rouleaux, suivant qu'il est fait d'un, deux ou plusieurs rangs de claveaux qui s'emboîtent l'un dans l'autre.

RUBANÉ

Industrie du néolithique ancien comportant des traces ou des motifs étroits et allongés (notamment sur les poteries). Fût de colonne orné de bandelettes.

RUDENTURE

Baguette appliquée sur le creux d'une cannelure.

Rosace flamboyante

SABLE

On distingue : le *sable fin*, dont les grains ont moins d'un millimètre de diamètre ; le *sable moyen*, dont les grains ont de un à deux millimètres ; le *sable gros*, de deux à trois millimètres ; le *gravier*, qui est plus gros.

SABLIÈRE

Pièce de charpente posée horizontalement et en long pour supporter un pan de bois, une succession de fermes, etc.

SAINTS (ATTRIBUTS DES...)

Attributs de saints, parmi les plus usuels :

Agneau portant la croix : Jésus-Christ

Agneau (Homme vêtu de peaux tenant un) : Saint Jean-Baptiste

Agneau : Sainte Agnès

Aigle : St Jean l'Évangéliste

Ange : Voir Homme ailé.

Arbre sortant du flanc d'un homme couché : Arbre de Jessé, arbre généalogique de la Vierge.

Balance (Ange tenant une) : Jonas

Bandeau sur les yeux (Femme ayant un) : La Synagogue, c'est-à-dire l'ancienne Loi ; souvent sa couronne tombe et sa lance se brise.

Bannière sur un écu :
L'espérance

Bâton : Saint Barthélemy ou saint Jacques le Mineur

Bêche : Saint Fiacre

Bœuf : Saint Luc

Bœuf sur un écu :
La patience

Bonnet à côtes : Les Juifs

Bourdon et coquilles :
Jacques le Majeur, st Roch

Bourse (Femme ayant au cou une) : L'avarice

Brebis sur un écu : Charité

Calice d'où sort un dragon :

Saint Jean l'Évangéliste

Cavalier foulant un personnage abattu : Constantin, le triomphe de l'Église.

Cerf : Saint Eustache ou saint Hubert

Chameau sur un écu (ou agenouillé) : L'obéissance

Chameau avec des rois :
Rois mages

Chapelet : St Dominique

Chaudière (Saint dans une) :
St Jean à la Porte latine

Chien au pied des statues de femme : La fidélité

Chien (Pèlerin dont les plaies

Les saints et leurs attributs (de gauche à droite) : saint Pierre et sa clef ; saint André et la croix sur laquelle il fut mis à mort ; saint Jacques le Majeur et son bâton de pèlerin ; saint Jean et son calice d'où s'échappe un dragon ; saint Thomas, patron des architectes du Moyen Âge, avec une pierre et sa lance ; saint Jacques le Mineur avec le bâton avec lequel il fut assommé après avoir été précipité du haut du temple (Iconographie du XIIIe siècle).

sont léchées par) : St Roch

Chien portant une torche allumée : Saint Dominique

Cierge allumé que le diable cherche à éteindre :
 Sainte Geneviève

Clef : Saint Pierre, lequel a la figure courte, la barbe et les cheveux frisés.

Clochette brisée : St Benoît

Clochettes (Femme frappant sur des) : La musique

Colombe : Saint-Esprit

Colombe posée sur l'épaule d'un Pape : Saint Grégoire.

Compas (Femme tenant un) :
 La Géométrie

Corbeau : Saint Benoît

Corbeille que l'on hisse (Homme dans une) : Virgile

Couronne sur un écu :
 La constance

Couteau : — St Barthélemy

Croix : Sainte Hélène

Croix à deux croisillons :
 Archevêque

Croix à trois croisillons : Pape

Croix sur un écu : La foi

Croix, depuis le XIVe siècle en sautoir : Saint André

Crosse, la volute en dehors :
 Évêque

Les saints et leurs attributs (de gauche à droite) : saint Philippe et une croix; saint Barthélemy et le couteau avec lequel il fut écorché vif; saint Mathieu et son équerre; saint Simon et sa croix; saint Jude et la scie avec laquelle il fut découpé; saint Mathias et sa hache (Iconographie du XIIIe siècle).

Fragment de l'Arbre de Jessé, cathédrale d'Amiens, XIIIe siècle. De Jessé, père de David (au-dessus de lui) naîtra une race d'où sera issue la Vierge Marie.

Crosse, la volute en dedans : Abbé

Dragon (Cavalier perçant de sa lance un) : St Georges

Dragon : Sainte Marguerite ou sainte Marthe

Eau (Personnage dans l') : Baptême de Jésus-Christ. Ne pas confondre avec la scène du bain de l'Enfant, où deux femmes lavent l'Enfant Jésus après sa naissance.

Enclume : Saint Éloi

Enfant couché pour être immolé : Isaac, le sacrifice d'Abraham.

Enfants massacrés : Les saints Innocents

Enfants dans un saloir (Évêque délivrant des) : Saint Nicolas

Épée : Divers saints, notamment saint Paul, lequel a généralement le front haut et la barbe en pointe.

Épée horizontale près de la figure : Le Fils de l'homme, dans l'Apocalypse.

Équerre : Saint Thomas, quelquefois saint Mathieu.

Femme (Vieillard à quatre pattes portant sur son dos une) : Aristote et la belle Campaspe.

Femmes armées combattant des monstres qui sont à leurs pieds : Les Vertus combattant les Vices.

Fers brisés : Saint Léonard.

Férule (Femme ayant avec elle des enfants et tenant une) : La Grammaire

Flèches (Martyr percé de) : Saint Sébastien.

Fleuves (Quatre) : Les fleuves du Paradis ; les Évangélistes.

Géant portant un enfant sur ses épaules : St Christophe.

Gril : Saint Laurent

Gueule énorme, grande ouverte : L'enfer

Hache : Saint Mathias ou saint Mathieu

Homme ailé : St Mathieu.

Lampe (Femmes tenant une) : Vierges sages qui tiennent leur lampe droite ; Vierges folles, qui la tiennent renversée.

Lance : Saint Thomas ou saint Mathieu

Lion : Saint Marc

Lions (Homme au milieu de) : Daniel

Lion (Vieillard amaigri, près d'un) : Saint Jérôme

Lion (Homme déchirant la gueule d'un) : Samson

Lion au pied d'une statue d'homme ou sur un écu : Le courage

Livre : Jésus-Christ, Apôtres, Évangélistes, Docteurs

Loup. St François d'Assise.

Main bénissante : Dieu

Manteau (Cavalier partageant son) : Saint Martin

Marteau : Saint Éloi

Nudité : Un petit corps nu sans sexe figure une âme. Plusieurs de ces petits corps tenus dans un linge par un vieillard sont des âmes bienheureuses dans le sein d'Abraham.

Orgue : Saint Cécil

Palme : Martyrs

Peigne : Saint Blaise

Pelle à enfourner : Saint Honoré

Pieds nus : Sont représentés pieds nus Dieu, les Anges, saint Jean-Baptiste, les Apôtres, les Évangélistes, quelquefois les Prophètes.

Pierres : Saint Étienne

Poisson (Homme portant un) : Tobie.

Porc : Saint Antoine.

Rats : Sainte Gertrude.

Reptiles (Femme dont les

seins sont mordus par des) :
La luxure
Roue brisée : Ste Catherine
Salamandre : La justice
Scie : Saint Simon
Scorpion ou *serpent* :
 La dialectique
Seins sur un plat (Jeune fille
portant ses) : Sainte Agnès
Serpent : La prudence
T (Bâton en forme de T) :
 Saint Antoine
Tables de la loi : Moïse
Tête coupée (Évêque portant
sa) : Saint Denis
Tiare (Vieillard coiffé de la) :
 Dieu le Père
Tiare : Saint Pierre
Tour : Sainte Barbe
Verge fleurie : Saint Joseph
Voile : Vierges
Yeux sur un plat : Ste Lucie

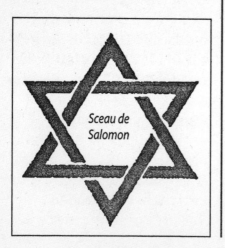

Sceau de
Salomon

SALOMON (SCEAU DE)

Nommé aussi *bouclier de David* le sceau de Salomon est une étoile à six branches faite de deux triangles équilatéraux entrecroisés, unissant l'élément Air avec l'élément Terre. Le sceau de Salomon est souvent visible dans les rosaces. Plante des bois à fleurs blanc verdâtre dont le bas de la tige, une fois coupée, ressemble au sceau de Salomon.

SANCTUAIRE

Partie la plus sainte d'un temple ou d'une église. Dans les églises, c'est la place de l'autel, lequel n'est pas toujours dans l'abside.

SAPER

Travailler à démolir avec un pic une maçonnerie, un terrassement, etc.

SAUTERELLE

Synonyme de **biveau**.

SCENA

Dans le théâtre antique, le mur de fond. La scène s'appelait *proscenium*.

SCOTIE

Moulure concave formée de deux arcs de cercle raccordés, l'arc inférieur étant décrit avec un plus grand rayon, employée pour la décoration des bases de colonnes ou de pilastres, entre les filets des tores. Voir **Gorge** et **Moulure**.

SCULPTURE

Représentation, en volume, généralement dans du bois ou dans de la pierre, d'un objet ou d'un personnage. Il y a diverses formes de sculpture, selon sa situation :

— *en ronde bosse* : sculpture visible sous toutes ses faces, posée sur un socle;

— *en bas-relief* : les contours sont en saillie depuis le bloc du fond;

— *en demi-relief* : idem que pour le bas-relief, mais les formes sont davantage saillantes (la moitié de leur volume);

— *en haut-relief* : les formes son complètes, comme en ronde bosse, mais collées sur un bloc de fond.

SELLETTE

Siège d'une stalle qui se relève et s'abaisse en abattant. Le dessous de la sellette est souvent muni d'une tête nommée *museau* ou **miséricorde** (voir ce mot).

SEMELLE

C'est le nom de diverses pièces de charpente qui servent de base à d'autres : couchis sous un étai, entrait dans lequel s'assemblent du pied les pièces obliques de certaines fermes, etc.

SÉPULTURE

Action de déposer les cadavres ou les cendres d'un mort dans un tombeau.

SERTIR

Enchâsser un objet, le retenir dans son alvéole par un bourrelet, un fil de métal, etc.

SEUIL

Pièce de pierre ou de bois qui forme la partie inférieure de l'encadrement d'une baie de porte.

SMILLÉ

Se dit d'une pierre piquée avec le marteau à pointe appelé *smille*.

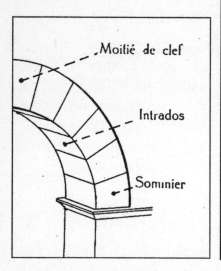

Moitié de clef

Intrados

Sommier

SOCLE

"Assise inférieure d'un pilier, d'une colonne (sous la base), d'un mur" (Viollet-le-Duc). Le soubassement, plus important, peut s'étendre à tout un édifice et comprendre une ordonnance complète, avec base et corniche.

SOFFITE

Dessous d'un membre d'architecture qui est suspendu, plafond, larmier, etc., surtout quand ce dessous est décoré de caissons.

SOLE

Synonyme de **patin**.

SOLIN

Moulure ou bourrelet en plâtre ou en mortier, qui sert à protéger la rencontre d'un toit et d'un mur contre les infiltrations, ou à sceller les rangs supérieurs de tuiles.

SOLIVE

Poutrelle posée de champ qui supporte l'aire du plancher.

SOMMIER

Dans un arc, le claveau inférieur; dans une plate - bande appareillée, le bloc du bout, claveau et bloc qui reposent sur le support.

SOUBASSEMENT

Partie inférieure d'un mur. Voir **Socle**.

SOUCHE

Tuyau ou réunion de plusieurs tuyaux de cheminée au-dessus du toit.

SOUS-ŒUVRE

La reprise en sous-oeuvre est un travail fait dans une maçonnerie qui porte charge.

SOUTÈNEMENT (MUR DE)

Mur qui prévient l'éboulement des terres.

SPINA

Long mur bas, espèce de socle, qui s'étendait au milieu d'un **cirque** (voir ce mot) et qui servait à déterminer la longueur de la course des chevaux ou des chars. Les extrémités de la spina portaient chacune des bornes.

Suite de colonnes qui recevaient la tombée des voûtes formant le plafond des édifices romans. Les spinas étaient fréquentes dans les réfectoires des monastères, aux murs trop espacés pour soutenir une seule voûte.

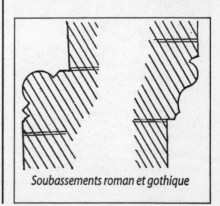

Soubassements roman et gothique

STALLE

Fauteuil en bois, avec un double siège, l'un bas, *sellette*, sur lequel on s'assied et un second plus élevé obtenu par l'abattant ou *sellette relevée*; ce dernier ne présente qu'une petite surface appelée *miséricorde*. Les accotoirs sont nommés *museaux*, parce que quelquefois décorés de la tête d'un animal.

Au XIIIe siècle, les stalles sont encore rares; elles sont remplacées, le long des murs, par des sièges de pierre.

STATUAIRE GALLO-ROMAINE

La statuaire gallo-romaine a laissé de nombreuses effigies qui reproduisent les traits d'un personnage. Des artistes, serrant de près la réalité, firent des statues polychromes. D'autres, pour satisfaire plus rapidement leurs clients, avaient des statues prêtes, auxquelles ils ajoutaient une tête exécutée sur commande. Cet expédient permettait, en outre, de faire servir une statue deux ou plusieurs fois.

Comparé au bas-relief grec, sobre et simple, le bas-relief romain est dense : les Romains craignaient de ne pas faire entrer dans leurs bas-reliefs assez de personnages et de détails; les acteurs de la scène sont fréquemment entassés et le fond lui-même représente un paysage.

Les sculpteurs romains ont coulé en bronze une partie de leurs œuvres : il nous est resté des statuettes, de petits bronzes; les grandes statues de métal sont rares.

STATUAIRE ROMANE

Les premiers sculpteurs romans étaient impuissants à travailler d'après nature ; ils s'inspiraient d'œuvres antérieures très diverses. C'est plus tard, quand ils eurent appris à manier le ciseau, qu'ils s'appliquèrent à reproduire des modèles vivants.

À la statuaire romaine ils prirent quelquefois ses proportions trapues. L'influence des ivoires byzantins est visible dans quelques œuvres du sud de la France. Des mouvements exagérés dans les étoffes s'expliquent par l'imitation de peintures et on a pu rattacher à des miniatures anglo-saxonnes les enchevê-

Stalle du XVe siècle, avec museaux et miséricorde.

trements d'animaux qui sont taillés sur quelques portails. La sculpture romane manque de vérité et de vie. Elle laisse également à désirer comme technique : tantôt les personnages sont exagérément allongés, tantôt ils ont un buste ridiculement petit, une tête énorme et de longues mains. Les draperies, sans souplesse et sans mou-

Statuette gallo-romaine (déesses-mères ?)

vement, enferment le corps dans une gaine rigide.

La sculpture resta en retard sur l'architecture : les premiers édifices de structure gothique ont une sculpture pleinement romane. Dans le portail ouest de la cathédrale de Chartres, qui appartient à la seconde moitié du XIIe siècle, la statuaire est de type presque roman. Les progrès laissent cependant pressentir la splendeur gothique : les visages s'animent et si les draperies témoignent encore de quelque timidité dans le modelé, elles sont néanmoins mieux observées. La mode du temps convenait aux statues des portails, surtout la mode féminine : les plis tombants du bliaud, les lignes verticales de l'ensemble font songer aux **cariatides** (voir ce mot) antiques.

Enfin, pour obtenir une plus intense expression de vie, des artistes ont, dans les yeux des statues, inséré quelquefois un iris de verre ou de plomb.

STATUAIRE GOTHIQUE

La statuaire gothique compte parmi les plus remarquables écoles d'art ; certaines de ses productions sont d'une esthétique supérieure et peuvent être comparées aux meilleures œuvres grecques. Cette statuaire n'est pas, d'ailleurs, immuable ; elle a subi une évolution que l'art antique avait connue : elle est d'abord idéaliste, après quoi elle devient réaliste.

Au XIIIe siècle, la statuaire monumentale est simplifiée, à larges plans. Les figures ne sont pas des portraits, mais elles synthétisent un type ethnique ; les corps perdent leur raideur sous les vêtements, dont les plis, plus profonds, majestueux, tombent à peu près droit. Voir les portails gothiques de Notre-Dame de Paris, de Reims, d'Amiens.

Les continuateurs des grands imagiers du XIIIe siècle ne surent pas se maintenir : du-

Vierge gothique debout du XIVᵉ siècle.

Pendant la période romane, la Vierge est assise, car on pensait qu'il n'était pas digne d'elle de recevoir debout les hommages des fidèles.

rant le siècle suivant, les œuvres, polies, manquent de vigueur et de naturel. Les têtes minaudent; les corps se déhanchent; les vêtements ont des plis plus compliqués et plus profonds, qui tendent à dessiner des festons, à se rapprocher de l'horizontale.

Cependant, dès le règne de saint Louis (1226-1270) et de ses successeurs immédiats, les sculpteurs d'effigies funéraires s'essayaient au portrait. Les imagiers flamands ont une part dans cette orientation vers le réalisme; toutefois, comme ils se rencontraient avec les maîtres français dans les ateliers ouverts par les rois de France, par les ducs de Bourgogne ou de Berry, on est embarrassé pour reconnaître les œuvres et discerner les influences des uns et des autres.

Depuis le milieu du XIVᵉ siècle environ, les sculpteurs n'étaient plus, comme leurs devanciers, les collaborateurs anonymes d'une grande œuvre collective; ils cessèrent d'être des modestes, fondant leur effort parfois génial dans l'effort commun : les personnalités s'affirment ; la sculpture, plus originale, sort davantage de son cadre et de son rôle architectural.

Les têtes, les traits individuels sont soulignés parfois jusqu'à la caricature ; les draperies, lourdes, sont opulentes et mouvementées, avec des plis profonds et tumultueux. Une série de cette école réaliste fut exécutée à Dijon pour les ducs de Bourgogne. Le XVᵉ siècle produisit aussi des statues où se retrouve un peu de la sereine simplicité du XIIIᵉ siècle français.

Les imagiers gothiques apprécièrent les belles œuvres de l'antiquité ; ils en ont copié quelques-unes, ils se sont inspirés de quelques autres. Mais en règle générale, l'art gothique a ignoré la sculpture ancienne. C'est à la nature qu'il a demandé ses modèles.

STATUAIRE DE LA RENAISSANCE

Après le Moyen Âge, l'art est de plus en plus personnel.

La Renaissance italienne exerça une influence moins déterminante que sur l'architecture. Le XVIᵉ siècle s'éprit de l'antiquité, et tenta de faire revivre la pensée gréco-romaine. Il habilla volontiers les statues féminines de vêtements amples et légers, qui accusent les formes plutôt qu'elles ne les voilent. Les œuvres de ce temps dégagent une note d'élégance affinée et de fraîcheur que les époques suivantes ne retrouveront pas.

STATUAIRE CLASSIQUE

Le XVIIᵉ siècle est moins gracieux, mais plus grandiose et souvent théâtral que le précédent ; la force un peu lourde et la solennité étaient dans le goût du temps. Pour rendre émouvante une telle pompe, il aurait fallu sous cet apparat la chaleur et la vie ; la formation académique n'en donnait pas. Mais l'habilité de composition et d'exécution des artistes parvient à faire oublier le pédantisme qui habille à la romaine Louis XIV et ses sujets ; il fallait bien du talent pour rendre acceptables des personnages armés à l'antique et coiffés d'une perruque.

La sculpture du XVIIIe siècle est plus vibrante : les modèles ne sont plus des héros surhumains, ce sont des hommes qui ont souffert et joui. Les corps des femmes ont des formes rondes et un peu molles ; les draperies continuent à être somptueuses, parfois pesantes et tourmentées. Les têtes ont de la sensibilité.

STÈLE

Pierre cylindrique ou quadrangulaire, surmontée d'un ornement en forme de palmette ; les stèles servaient à désigner des sépultures. Synonyme de **cippe**.

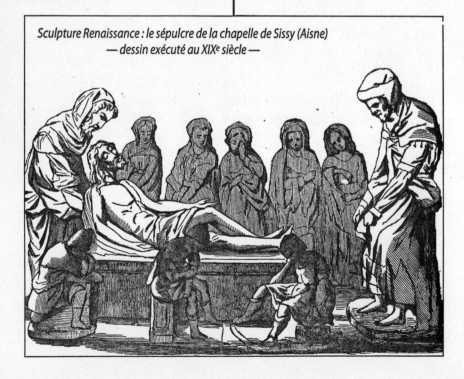

Sculpture Renaissance : le sépulcre de la chapelle de Sissy (Aisne)
— dessin exécuté au XIXe siècle —

STRIGILE

Cannelure en forme d'**S**.

STRUCTURE

Terme générique sous lequel on désigne tous les genres de maçonnerie.

STUC

Le stuc est un mélange de chaux et de poussière de pierre ou de marbre, ou encore un mélange de plâtre et de diverses matières, notamment de colle. Il est veiné et susceptible de recevoir le poli, ressemble à du marbre. Aussi est-il d'usage courant dans l'architecture romaine pour dissimuler la maçonnerie de petit appareil. Les Carolingiens recoururent au stucage : un exemple classique se trouve dans l'église de Germigny, où le stuc a été coupé au ciseau. Les époques romane et gothique n'abandonnèrent pas complètement ce procédé ; on releva d'applications en stuc des chapiteaux, des arcs, etc. Voir **Plâtre**.

STYLOBATE

Piédestal continu, soubassement d'une colonnade.

SUBSTRUCTION

Partie de la construction qui est cachée dans le sol.

SUDATORIUM

Dans les bains, salle d'étuve.

SUPPORT

Terme générique désignant tous les membres qui portent dans une construction : murs, piliers, colonnes, etc.

SURHAUSSÉ

Se dit d'un arc dont les naissances sont au-dessus des impostes.

SURPLOMB

État d'une construction qui est hors d'aplomb et qui s'avance du haut vers le vide.

SYMBOLE

Signe à l'aide duquel on exprime une idée. La symbolique chrétienne est considérable ; on la retrouve sur la pierre des cathédrales. On donne à ces écritures du Moyen Âge des interprétations différentes : le sens historique, le sens allégorique et le sens analogique.

SYMBOLISME MÉDIÉVAL

Un synode tenu en 1025 proclame que les illettrés lisaient dans les peintures. Et, en effet, les peintres, aussi bien que les verriers et les sculpteurs, ont traité pour l'instruction des fidèles une vaste encyclopédie. Le Moyen Âge professait que la Création tout entière est une figure des Livres Saints : à plus forte raison a-t-il caché sous les œuvres d'art un symbole et une leçon.

Une tournure d'esprit commune aux générations de ce temps les portait à grouper deux faits, deux idées qui offraient une analogie plus moins réelle : sous les Arts libéraux, on plaçait les personnages qui les avaient pratiqués avec le plus d'autorité ; aux pieds de Moïse, un veau d'or ; Isaïe porte saint Mathieu sur ses épaules ; en bordure d'une Résurrection, sont représentés un lion et des lionceaux, parce que, suivant une croyance répandue, les lionceaux naissaient morts et au bout de trois jours un rugissement du lion leur rendait la vie, etc.

Mais il ne faut pas chercher dans toutes les combinaisons de lignes une allégorie. Nombre de dispositions ont été imposées ou suggérées par la nécessité d'assurer l'équilibre, par le désir de rendre l'édifice plaisant à l'œil. En second lieu, d'autres formes n'avaient à l'origine aucune signification et on leur en a prêté une par la suite. Ainsi, le motif de deux oiseaux affrontés buvant dans une coupe fut-il copié d'après des étoffes orientales ; or, saint Romuald († 1027), qui fonda l'ordre des Camaldules, ayant eu une vision dans laquelle ses religieux lui apparurent sous la forme de colombes se désaltérant dans un calice, l'ordre prit pour armoiries ce motif, en lui prêtant une valeur mystique.

L'orientation des églises le chevet tourné vers l'Est (soleil levant, donc naissance de la lumière), les grandes lignes du plan en forme de croix sont dues à des préoccupations elles aussi symboliques. On a cru longtemps qu'il en était de même de la brisure de l'axe des églises, laquelle aurait pour but de rappeler que Jésus inclina la tête avant d'expirer sur la croix; en l'absence de textes, il est permis de douter que cette dernière théorie soit fondée.

La vie morale a fourni le sujet de bien des œuvres décoratives. Le combat des Vertus et des Vices a été représenté notamment sur les portails des provinces de l'Ouest et du Sud-Ouest.

Les travaux de l'esprit, les sciences se trouvent dans les façades, surtout gothiques.

Les travaux manuels, plus vivants et plus faciles à exprimer, ont aussi donné lieu à des sculptures. Des calendriers représentent pour chaque mois le signe du Zodiaque et l'occupation dominante : janvier, le paysan banquette ; février, il se chauffe ; mars ; il taille la vigne ; avril et mai, il jouit des beaux jours ; juin, il fauche ; juillet, il moissonne, août, il bat le blé ; septembre, il vendange ; octobre, il foule le raisin ; novembre, il fait les semailles ; décembre, il tue le porc.

Isaïe porte saint Mathieu sur ses épaules : vitrail de Chartres, XIIIe siècle.

L'histoire a été largement mise à contribution, histoire profane, et surtout histoire sacrée. Mais pour l'histoire comme pour les sciences, l'imagination a fait son œuvre : les épisodes de la vie du Sauveur ou des vies de saints proposés aux méditations des fidèles empruntent aux récits fabuleux qui avaient cours autrefois, aux Évangiles apocryphes, ou bien à la *Légende dorée*.

SYNCELLE

Clerc qui habitait la même chambre qu'un évêque, afin d'être témoins de sa vie et de l'obliger ainsi à avoir une conduite régulière. Divers conciles de l'Église primitive imposèrent aussi aux prêtres d'avoir des syncelles.

Symbolisme médiéval, fragments d'une cuve baptismale en plomb trouvée dans l'Orne (XIIIᵉ siècle) : juillet et août : le paysan moissonne ; janvier et février : il se réchauffe près du feu.

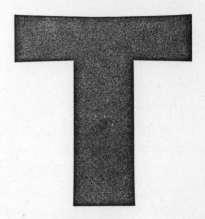

TABERNACLE

Dans les églises, le taber-
nacle est un édicule placé
au-dessus d'un autel ; il
contient les hosties.

TÆNIA

Bande qui sépare la frise dorique de l'architrave ; elle est
souvent peinte.

TAILLOIR

Tablette qui est posée sur la
corbeille du chapiteau. Tantôt une tablette carrée, tantôt une tablette à côtés
convexes. Synonyme
d'**abaque**.

Le tailloir du Moyen Âge ne
dérive pas du tailloir antique ;
il est plus épais que l'**abaque**
(voir ce mot) de ces chapiteaux corinthiens dont sont
issus en grande partie les
chapiteaux romans et go-
thiques. Le tailloir latin est
parfois très massif. Dans le
tailloir roman, il n'est pas rare
que le haut de la corbeille
conserve trois petits dés, qui
sont un vestige, une survi-
vance de l'abaque antique.

TALON

Moulure formée de la combinaison de deux courbes, une
convexe, qui est la plus
saillante, et une concave ;
c'est le contraire de la **doucine** (voir ce mot et **Moulure**).

TALUS

Plan de pente assez raide, soit naturel, soit aménagé à des fins de défense au pied de remparts. Ne pas confondre avec le *fruit*, qui se rapproche davantage de la verticale, ni avec le *glacis*, qui se rapproche davantage de l'horizontale.

TAMBOUR

Assise de colonne qui a la forme d'un cylindre.

TAQUE

Plaque de fonte posée sur le contrecoeur d'une cheminée.

TAS

Ce mot désigne tantôt le chantier et tantôt l'édifice qu'on élève.

TAS-DE-CHARGE

Dans les voûtes gothiques, on monte le faisceau des nervures par assises horizontales jusqu'au niveau où elles se dégagent suffisamment l'une de l'autre pour qu'on puisse appareiller chacune normalement : cette partie inférieure du faisceau de nervures est le tas-de-charge. par extension, *construire en tas-de-charge* signifie édifier en encorbellement.

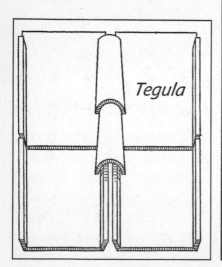

Tegula

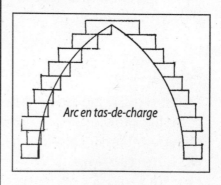

Arc en tas-de-charge

TASSER

Un mur se tasse quand, sous le poids de sa charge ou de ses propres matériaux, il s'assoit, se rétracte en hauteur.

TEGULA

Tuile plate à rebord en argile cuite employée par les Romains pour couvrir les toits.

TÉLAMON

Synonyme d'**atlante** (voir ce mot).

TEMPLE

Un petit nombre de temples sont debout en France : beaucoup ont été renversés.

On ne plaçait pas indifféremment les temples. Vitruve (architecte et ingénieur militaire de César) recommande pour les temples de Jupiter les sites urbains élevés ; de Mercure, les abords des places publiques ou, dans la campagne, des chemins ; d'Apollon, le voisinage des théâtres, consacrés aux jeux de l'esprit : d'Hercule, le voisinage des gymnases, cirques, amphithéâtres, consacrés aux jeux corporels ; de Mars, de Vulcain et de Vénus, l'extérieur des villes, près des portes. Suivant

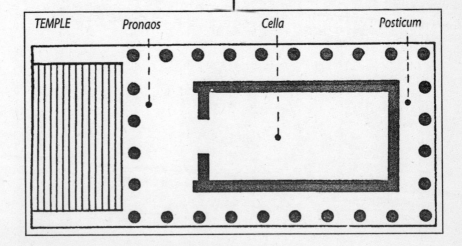

TEMPLE — Pronaos — Cella — Posticum

le même auteur, les temples étaient *orientés* : la statue du dieu et, par conséquent, la façade antérieure regardaient vers le couchant. Les temples sont relativement petits : à la différence du culte chrétien, le culte païen, n'amenait pas les foules à l'intérieur de ses temples ; chaque fidèle venait isolément pour le sacrifice et les grandes cérémonies se développaient au dehors.

Le temple était habituellement de plan rectangulaire. Il comprenait une partie close et, d'ordinaire, une colonnade. La partie fermée est la *cella* ou *naos* ; au fond s'élevait l'idole, en avant de laquelle était l'autel. Un trésor était quelquefois aménagé en ar-

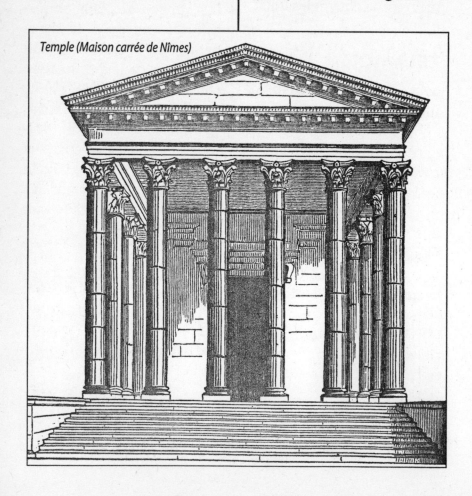

Temple (Maison carrée de Nîmes)

rière de la cella. La galerie antérieure est dite *pronaos* et la
galerie postérieure, *posticum*.
Dans l'une et l'autre, les colonnes sont en nombre pair,
de façon qu'il n'y ait pas une
colonne dans l'axe de la porte. Les Romains, après avoir
admis les trois ordres (dorique, ionien, corinthien) pour
leurs temples, ne gardèrent, à
l'époque impériale, que le corinthien. La colonnade et son
entablement sont la partie es-
sentielle du temple ; ils sont
presque tout le temple. La
cella, faiblement éclairée par
la porte, était dans une pé-
nombre mystérieuse. Lorsque
le pronaos et la cella étaient
profonds, la porte donnait
une lumière insuffisante. Les
fenêtres étaient rares ; on ménageait plutôt des ouvertures
dans le toit, ou bien on inter-
rompait le toit sur partie de sa
longueur. Le rôle de la porte
dans l'éclairage explique ses
dimensions, qui sont considérables. La décoration intérieure pouvait comporter des placages, des ornements en métal, etc.

TENAILLE

C'est, dans la fortification, un
ouvrage peu élevé, qui
couvre la courtine entre
deux **bastions** (voir ce mot).

TENON

Bout d'une pièce taillée en
saillie pour s'engager dans
une mortaise.

TEPIDARIUM

C'est, dans les bains, une salle tiède, où l'on maintenait
une température de 20 à 25
degrés, afin de préparer les
baigneurs à passer dans le *su-
datorium*, ou dans le *frigidarium* (Voir **Bains**).

TERRASSE

Élévation de terre habituellement contenue d'un côté par
une muraille. La terrasse peut
être aussi un ouvrage de maçonnerie ou la couverture à
peu près horizontale d'un
bâtiment.

TERRE-PLEIN

Levée de terre maintenue par deux murs.

TÊTE

Extrémité ou face d'un ouvrage, d'un objet considéré en profondeur : les têtes d'un arc sont les faces antérieure et postérieure de cet arc.

TÊTE-DE-CLOU

Motif d'ornementation qui consiste en une petite pyramide de peu de saillie.

TÊTU

Outil de maçon, à manche, présentant une tête carrée comme un marteau et un bout rond ou effilé comme un pic.

THÉÂTRE

Voir **Amphithéâtre**.

THERMES

Établissement qui comprend des bains et des annexes plus ou moins importantes, salles de lecture, des gymnases, des palestres, des salons de conversation, des portiques pour la promenade, etc. Voir **Bains**.

TIERCERON

Nervure qui, dans certaines voûtes gothiques, va de la naissance d'une ogive à l'extrémité libre d'une lierne interrompue.

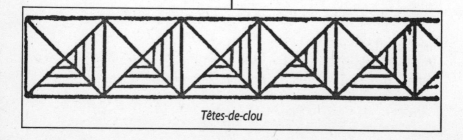

Têtes-de-clou

Pierre
tombale
dans
l'église
Notre-Dame
de Chalons-
sur-Marne.

TIERS-POINT

C'est proprement l'arc brisé dont les deux moitiés sont tracées de deux centres qui divisent la corde en trois parties égales. Des auteurs donnent ce nom à tous les arcs brisés.

TIRANT

Pièce de bois ou de métal qui, empêchant un écartement, est soumise à un effort de traction. Dans les **fermes** (voir ce mot) de charpentes, le tirant et l'entrait sont une même chose.

TOIT

Voir **Couverture**.

TOMBEAU

Monument servant à enfermer soit des urnes funéraires, soit les corps des morts.

TORCHIS

Terre détrempée et mêlée de paille ou de foin, qui constitue une maçonnerie grossière.

TORE

Moulure saillante et assez épaisse dont le profil dessine un demi-cercle, autrement dit un *boudin*. Cette moulure a été employée à toutes les époques et elle entre dans la composition d'un grand nombre d'ornements. Les tores sont unis ou décorés.

Tombeau gothique du XIIIe siècle orné d'arcatures trilobées dont le centre est évidé.

TORIQUE (MOULURE)

Moulure en forme de tore ou moulure composée de plusieurs tores.

TORSADE

Moulure imitant des brins conduits en torsade ; quelques torsades ont entre leurs torons des rangées de **perles** (voir ce mot et **objets décoratifs**).

TORSE

Une colonne torse est celle dont le fût semble monter en spirale.

TORTUE

Plafond cintré formé de quatre plans convergents vers un centre, ce qui lui donnait l'apparence de la carapace d'une tortue. Dans l'art roman, la tortue, parce qu'elle vit longtemps et agit lentement, est symbole de sagesse. Elle est souvent sculptée au pied des piliers.

Hangar en planches, mobile, couvert de peaux et contenant un bélier à battre les murailles. Toit défensif formé à l'aide de boucliers par des soldats qui s'avançaient au pied d'un rempart.

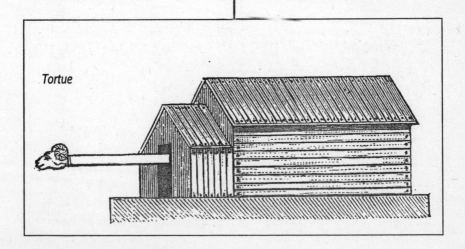

Tortue

TOUR

Construction élevée, ou bâtie sur une hauteur, et par extension fortification, tour de défense, tour d'une porte de ville ou d'un château, donjon. On nomme aussi tours des clochers d'églises.

TRANSENNA

Clôture en marbre qu'on employait dans les chapelles des catacombes pour proté-ger les reliques des martyrs contre la profanation des marchands d'objets religieux ou même des fidèles.

TRANSEPT

Nef transversale qui coupe la maîtresse nef d'une basilique civile ou d'une église et dessine les bras de la croix. Le transept comprend : 1° la croisée du transept ; travée commune à la nef et au transept ; 2° deux bras.

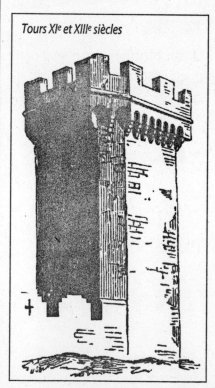

Tours XIe et XIIIe siècles

TRANSITION

On appelle souvent ainsi le style qui répond à la fin du roman et au début du gothique.

TRAVÉE

Littéralement, portée d'une poutre. C'est, dans le sens de la longueur d'une architecture, la partie comprise entre deux supports, piliers, ou colonnes, servant de points d'appui.

TRÈFLE

Figure dont le contour dessine trois lobes.

TRÉSOR

Salle où l'on conserve les objets de dévotion, reliques, ornements, objets précieux, d'une église.

TRIBUNAL

Plate-forme élevée sur cinq ou six marches, sur laquelle se trouvaient placées les chaises curules des magistrats qui rendaient la justice.
Plate-forme placée dans une salle d'audience, dans une basilique.

Fenêtre gothique du XIVe siècle; chacune des deux ogives est surmontée d'un trèfle, eux-mêmes surmontés d'une rosace quatre-feuilles.

TRIBUNE

Désigne notamment une galerie circulant à quelque hauteur le long d'une nef, sur laquelle elle s'ouvre.

TRIFORIUM

Galerie située au-dessus des bas-côtés de la nef d'une église, constituée d'arcades ouvertes vers l'intérieur de l'édifice.

TRIGLYPHE

Dans la frise dorique, membrure portante creusée de glyphes, ou rainures verticales. Les triglyphes sont séparés par les **métopes**.

TRILITHE

Monument composé de trois pierres (deux verticales, une horizontale, posée sur les deux autres) formant une sorte de porte. Beaucoup de trilithes sont des monuments celtiques.

TRILOBE

Synonyme de **trèfle**.

TRIPLET

Ensemble de trois baies groupées.

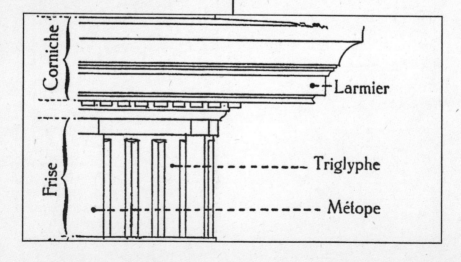

TRIPTYQUE

Tableau à trois comparti-
ments ; ordinairement, dans
les triptyques, le tableau central est deux fois plus grand
que ceux des côtés, qui se ferment sur lui ; ces volets sont
ordinairement peints sur les
deux faces, de sorte que
même fermés, ils forment un
tableau.

TROMPE

Artifice de construction
consistant en une voûte qui
permet soit de passer d'un
angle rentrant à un pan coupé ou d'un pan coupé à un
angle saillant, soit de proje-
ter une saillie en avant d'une
construction rectiligne.

TROMPILLON

Petite trompe ou pierre qui
est à la base d'une trompe.

TROPHÉE

Motif d'ornement formé d'un
groupe d'armes, d'em-
blèmes, d'instruments, d'objets liturgiques, etc.

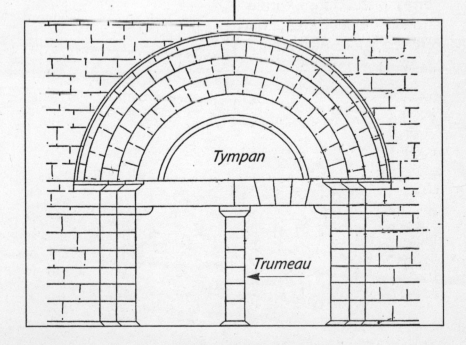

Tympan

Trumeau

TRUMEAU

Maçonnerie pleine entre deux baies, fenêtres ou portes. Le trumeau est aussi le pilier central qui divise en deux la baie d'une porte.

TUF

Ce mot désigne notamment une sorte de pierre tendre et blanche.

TUILE

Morceau de terre cuite qui peut avoir des formes diverses, plate, creuse, carrée, arrondie du bout, etc., et qui sert à couvrir les maisons.

TUILE ROMAINE

Les toits romains sont faits de deux sortes de tuiles : les *tegulæ* sont les grandes tuiles plates à rebords ; elles étaient à recouvrement, le bas d'une tuile recouvrait le haut de la tuile inférieure.

Pour empêcher l'eau de passer entre les rangs de *tegulæ*, on recouvrait le joint d'une file d'*imbrices* (*imbrex* au singulier), tuiles creuses, dont chacune s'emboîtait pareillement dans celle qui était au-dessus.

Tumulus

TUILEAUX

Fragments de tuiles ou de briques.

TUMULUS

Tertre artificiel qui couvre une sépulture.

TYMPAN

On appelle de ce nom certains remplissages entre des membrures : la maçonnerie triangulaire, élevée entre la corniche horizontale et les corniches obliques des frontons, le remplissage semi-circulaire entre le linteau et l'arc d'une porte. Littéralement, en latin, tambourin, Il se composait d'un cerceau de bois recouvert d'un côté d'un parchemin tendu avec sur son pourtour de petites cymbales. On nomme ainsi la surface plane, triangulaire ou arrondie, délimitée par les moulures d'un fronton à cause de sa ressemblance avec la peau tendue sur un tambourin. L'intérieur des tympans a sa surface lisse ou décorée de sculptures, de bas-reliefs, de faïences, de mosaïques... L'usage de le décorer remonte à l'Antiquité. Le milieu des tympans est souvent percé d'un œil de bœuf qui reçoit le cadran d'une horloge.

Partie supérieure du tympan du grand portail de la cathédrale d'Amiens.

UT, RÉ, MI, FA, SOL, LA, SI

Premières syllabes des sept premiers vers de l'hymne grégorien de saint Jean. Chaque vers montait d'un degré, d'où l'appellation : *Ut, Ré, Mi, Fa, Sol, La, Si* suivant ce texte :

UT quant laxis
REsonare fibris
MIra gestorum
FAmuli tuorum
SOLve polluti
LAbili reatum
Sancte Iohannez…

VANTAIL

Battant de porte.

VASISTAS

Châssis mobile qui correspond à partie d'une baie, comme le dessus d'une porte, un panneau de verrière, etc.

VÉGÉTAL

Les végétaux, notamment les feuillages, ont fourni, à la sculpture monumentale une source inépuisable de motifs. La flore a varié suivant les époques, et aussi la manière de la traiter et d'en tirer parti. Ainsi l'*acanthe* : d'abord, fine et nerveuse; puis, vers la fin de l'époque romaine, déchiquetée ; lourde et gauche sur les chapiteaux latins : rendue plus ferme et percée d'ajours sous Louis XIII ; plus classique sous Louis XIV ; ployée, tournée comme par une rafale sous Louis XV ; raide sous l'Empire.

En règle générale, les feuillages latins sont une imitation plutôt grossière des feuillages romains.

Les feuillages romans reproduisent des types conventionnels antérieurs, romains, orientaux, etc.

Les feuillages gothiques sont copiés sur les plantes de nos pays. Les feuillages plus récents sont un emprunt, par-fois assez libre, à l'antiquité. Dans l'ensemble, si l'on excepte la sculpture gothique, la stylisation l'emporte de beaucoup.

La *palmette* est une feuille profondément découpée en un nombre impair de lobes ; après les Romains, les romans et les modernes en ont fait un usage fréquent. Les palmettes alignées sont séparées souvent par des fleurs plus petites. Les *feuilles d'eau*, larges, plates, sans refend, proviennent parfois de ce que le feuillage n'est pas fini. Les feuilles de refend, dont l'acanthe est une variété, ont, au contraire, leurs bords déchiquetés. Elles présentent

Palmette

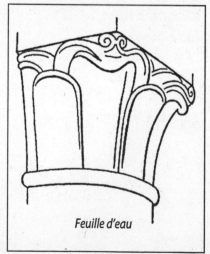

Feuille d'eau

des formes très diverses et se confondent assez fréquemment avec la palmette.

Les *quatre-feuilles*, les rosaces à quatre pétales, les fleurs crucifères sont dérivés de tracés géométriques plutôt que de formes végétales.

Les feuillages romans sont souvent traités en gouttière : le milieu de la feuille porte une dépression, des facettes rentrantes diversement éclairées ; on obtient de la sorte ces jeux d'ombre et de lumière, cette multiplicité de lignes d'où le roman tire ses plus sûrs effets.

Au début, la flore gothique est faite de plantes rondes et grasses : nénuphar, arum, plantain, cresson. Vers le milieu du XIIIe siècle, apparaissent des feuilles plus découpées et moins pleines : lierre, vigne, fraisier. À la fin du XIVe et au XVe, les tiges sont épineuses et les feuilles sont froissées : chou frisé, chardon, chicorée. Les feuilles appliquées et rangées en *imbrications*, comme des bouts de tuiles dans un toit, décorent des surfaces plates ou courbes, des pilastres ou des fûts de colonnes. Certaines écoles romanes ont employé à cet usage des feuilles de laurier.

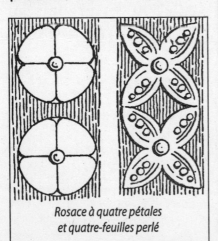

Rosace à quatre pétales et quatre-feuilles perlé

Tête de feuillages, tirée de l'album de Villard de Honnecourt, XIIIe siècle.

Vertu : la Foi, une vierge assise, en voile, portant un calice sur son écusson.

Vertu : l'Espérance.

Vertu : la Charité, se dépouillant de son manteau pour un pauvre, avec une brebis sur son écusson (XIIIe siècle).

VENTRE

Bombement accidentel d'un mur.

VERMICULÉ

On dit qu'un parement est vermiculé quand il présente, en manière de décoration, des sillons irréguliers analogues aux chemins tracés par les vers.

VERRIÈRE

Synonyme de vitrail.

VERROU

Tige de fer que l'on pousse de façon à l'engager dans un œillet ou vertevelle pour maintenir une porte fermée.

VERSANT

Pan d'un toit, entre le faîte et l'égout.

VERTUS

Dans l'art roman, les vertus sont des statues féminines résumant les qualités morales et spirituelles que chacun devrait posséder. Les plus représentées sont les *cardinales* : Tempérance, Force, Justice et Prudence. Il existe aussi les trois vertus *théologales* : Charité, Espérance et Foi.

VESTIAIRE

Terme générique désignant tout ce qui renferme une garde-robe, coffre, porte-manteau, cabinet…

VESTIBULE

Du latin *vestibulum*, cour d'entrée, ou cour d'honneur d'une maison, d'un temple, d'un établissement quelconque. Il pouvait être formé de bâtiments en aile placés de chaque côté de la façade principale, ou se résumer à un escalier monumental.

VIERGE

Vierge Marie, mère de Jésus-Christ, dont le culte, qui supplanta celui de la Déesse-Mère, fut essentiel au Moyen Âge, qui lui voua une grande vénération. Elle était la pro-

Vierge à la rose, gothique XVe siècle

tectrice du royaume de France, qui lui emprunta le lis, symbole de virginité.

De nombreux édifices, chapelles ou basiliques, cathédrales (dites de *Notre-Dame*), furent édifiés en son honneur. C'est, dans l'art roman et l'art gothique, le sujet le plus représenté, tenant l'enfant Jésus dans ses bras (Nativité), recevant la visite de l'archange Gabriel (Annonciation), tenant le corps de Jésus-Christ à la descente de la Croix (pietà)...

VIERGE NOIRE

Statue de la Vierge, dite *vierge de dessous la Terre*, peinte en noir, dans certaines cryptes romanes. D'origine mystérieuse (vestige de croyances druidiques?), elle est assimilée aux rites de fécondité de la nature. La dévotion qu'on lui portait jadis fut très importante. Ses statues (Chartres, Le Puy...) étaient le but de grands pèlerinages médiévaux.

VILLA

La villa romaine pouvait comprendre l'habitation du maître (*villa urbana*), les bâtiments nécessaires à l'exploitation agricole (*villa agraria*), enfin les locaux, greniers et celliers, pour loger les récoltes (*villa frumentaria*).

Certaines villas étaient donc très vastes ; d'autres étaient beaucoup moins étendues.

Vierge en bois, à Tournus

La villa était habituellement pourvue de bains, d'hypocaustes et d'aqueducs. Le plan en était indéfiniment varié. Ces maisons des champs, situées hors des villes et que les fortifications ne protégeaient pas, ont été saccagées par les Barbares.

Toutefois, certaines ont servi de palais pendant les périodes mérovingienne et carolingienne ; d'autres ont formé le noyau de villages encore subsistants. Et, le nom suivant cette évolution, *villa* désigna les villages ouverts, de même que *castrum* s'appliquait aux villages défendus. On trouve plusieurs villages, issus de *villæ*, dans le voisinage des églises dédiées aux saints qui furent en vogue durant les premiers siècles, comme saint Martin.

VITRAIL

Ensemble des verres mis en plomb qui garnissent une baie.

Dès les premiers siècles de l'architecture chrétienne, on eut l'idée d'employer, pour clore les fenêtres, des vitres de couleur ; mais c'est au Xe siècle seulement que les textes signalent pour la première fois des vitraux proprement dits, représentant un personnage. Il ne subsiste rien de la peinture sur verre antérieure au XIIe siècle. Les plus anciens spécimens à date connue sont les restes de ces vitraux que Suger fit poser à Saint-Denis en 1144.

Le peintre verrier dessine un modèle grandeur d'exécution. Sur ce modèle il applique des feuilles de verre de la couleur qu'il a choisie et il les découpe en suivant les traits du modèle. Celui-ci a été étudié de façon que les verres ne présentent pas d'angles trop aigus et que les plombs appuient les principaux contours. Pendant le Moyen Âge on coupait le verre à l'aide d'un fer rouge et on reprenait les bords avec une pince appelée *égrugeoir*; or, l'égrugeoir laisse des aspérités. C'est l'un des signes qui permettent de reconnaître les pièces anciennes dans les restaurations des vitraux.

Les verres des vitraux sont teints dans la masse. Cependant un verre rouge coloré dans toute son épaisseur serait trop sombre, aux XIIe et XIIIe siècles, on obtenait le rouge par des lamelles fouettées sur l'une des faces dans la matière vitreuse. Après le milieu du XIVe siècle, le rouge est doublé, c'est-à-dire qu'une feuille rouge très mince est soudée à une feuille blanche, qu'elle recouvre.

Sur ces morceaux de verre de couleur, le peintre marquait les ombres, les plis, tous les accidents. Pour ce faire, il montait provisoirement le vitrail, il le disposait de manière à le voir en transparence, il

Autel et vitrail début XVIe siècle

peignait par teintes plates et il mettait au four. Il procédait pareillement pour ajouter des traits de force, des hachures brutales.

La cuisson incorporait au verre les matières colorantes déposées par le pinceau et qui étaient vitrifiables. Il faut noter que des teintes sont parfois appliquées sur la face extérieure du vitrail : on obtient un dessin moins rude et la pluie lave les couleurs.

En dernier lieu, le verrier procédait au montage, à la mise en plomb : pour réunir les morceaux du vitrail, il enga-geait les bords dans des filets de plomb souple à deux rainures, et comme ce réseau de plomb était insuffisamment rigide et résistant, on renforçait le vitrail à l'aide d'une armature composée de barres de fer.

Le vitrail est en place. Si on le regarde à distance les teintes des ombres, des lignes opaques des plombs et des hachures, rongées par la lumière des parties claires, se fondent en un modelé vigoureux (dessins ci-dessous). Pourtant le vitrail de cette époque n'est pas un tableau,

Facture et effet produit.

mais une mosaïque translucide, où les teintes sont disposées en vue de l'effet d'ensemble, sans grand souci de
l'imitation. La coloration est
intense.

Voici quelques-uns des caractères distinctifs des vitraux du XIIe siècle : les barres
de l'armature de fer sont
droites et n'encadrent pas les
médaillons ; le dessin est in-
correct, mais les motifs d'ornement sont splendides ; le
bleu des fonds est
admirable : c'est, au dire de
Viollet-le-Duc, un "bleu lim-
pide, un peu nuancé de vert,
qui rappelle la couleur de
certains ciels d'automne" ; en
général, les feuilles de verres
ne sont pas de coloration
parfaitement homogène :
elles ont des raies, des inéga-
lités de ton, des stries, qui vi-
brent à la lumière.

Le peintre verrier bénéficie,
au XIIIe siècle, des progrès
que réalisent à ce moment,
les arts du dessin : les personnages sont plus vivants et
les draperies, plus naturelles ;
l'artiste cherche et souvent

plus observateur et plus humain. D'autre part, les barres
de fer cessent de couper les
scènes et de les contrarier,
elles suivent le contour des
médaillons et les encadrent.

Le vitrail acquiert donc des
qualités ; par contre, il en
perd d'essentielles : la magnificence des bordures, lesquelles deviennent plus
étroites, et le bleu des fonds,
qui souvent fait place au rouge. Du rouge et du bleu com-
binés il résulte comme un
voile violet qui attriste les
verrières. La splendeur des
vitraux de la Sainte-Chapelle
leur valut d'exercer une influence étendue. En général
cependant, les fenêtres
hautes de nos grandes
églises sont comprises autrement et montrent aux re-
gards des fidèles, non pas
des scènes enfermées dans
des médaillons, mais des personnages en pied. Le coloris
est encore très soutenu, bien
que certaines bordures
soient dès lors en grisaille. Au
XIIe siècle, les Cisterciens, systématiquement hostiles au

luxe des églises, avaient fait des vitraux en verre blanc, sertis dans des filets de plomb. Ces plombs dessinaient des entrelacs, de grandes fleurs stylisées. Le XIIIe siècle fit, lui aussi, des grisailles.

On appelle *grisaille* une couleur brun foncé. Dans les verrières dont il s'agit, les contours principaux sont tracés par les plombs ; des motifs sont cernés de larges traits filés en grisaille : ces motifs sont réservés en blanc sur le fond couvert d'un quadrillé, qui est également en grisaille. On obtenait aussi certains effets en répartissant suivant leur teinte les verres blancs, qui ne sont pas tous de même ton, ou bien en relevant la blancheur opaline des vitraux de quelques touches colorées, fleurettes ou bandes ; ou bien encore on conduisait autour des vitraux en couleur une marge blanche qui les encadrait. On se risqua ensuite à poser soit des médaillons polychromes,

Grisailles tirées de vitraux de la cathédrale de Chartres.

*Combinaisons de vitrages colorés
utilisés à partir du XVIIe siècle
dans les bâtiments publics
etdans les habitations.*

soit des personnages égale-ment en couleur sur le champ clair des verrières de grisaille.

Dans l'édifice gothique, plus la structure est savante et plus la puissance décorative décroît : les peintures mu-rales s'affadissent et les flam-boyantes verrières rouges et bleues sont détrônées par de ternes vitrages blancs et jaunes. Le jaune d'argent est appliqué au pinceau et cuit. On ne tarda pas à en abuser, de même que de certaines autres couleurs vitrifiables qui diminuaient la luminosité des vitraux. On eut, en outre, l'idée de faire d'autres verres doublés que les verres rouges ; on se ménageait ain-si la possibilité d'enlever la couche de couleur suivant un dessin déterminé, qui ap-paraissait en blanc et que l'on pouvait teinter à la bros-se. Sur un manteau cramoisi on obtenait des ramages d'or. Ce procédé fut en vogue au XVe siècle.

Les barres de fer sont recti-lignes au XIVe siècle, comme

au XIIe : les unes verticales, les autres horizontales, *montants* et *traverses*. Les feuilles de verre sont plus grandes au XIVe siècle et, partant, les plombs sont plus espacés.

On abandonne les médaillons pour peindre des personnages en pied, isolés sous un dais souvent monumental. Les verriers de la fin du gothique nous ont laissé de vrais portraits et d'attachants essais de perspective ; aux mosaïques étincelantes de jadis, où se chauffait la lumière des fenestrages, ont succédé de pâles tableaux qui versent dans les nefs un jour froid et décoloré : la grande peinture sur verre à vécu.

La peinture sur verre s'écarta de plus en plus des principes de l'art décoratif. Pendant le XVIe et le XVIIe siècles, les personnages perdirent de leur importance au profit des architectures ; ils sont comme égarés au milieu de galeries monumentales et profondes ou bien devant un décor, un paysage urbain ou rural. Le rôle des couleurs d'émail s'exagéra encore : on en vint à peindre le vitrail sur des feuillets de verre carré ; la mise en plomb, sans aucun rapport avec le dessin, n'avait d'autre but que d'assembler ces feuilles.

Si les artistes ne faisaient plus de vastes verrières décoratives, du moins ils ont laissé dans les fenêtres des logis, à portée de l'œil, de jolis tableautins sur verre. Dans les habitations plus modestes, on obtenait, avec la mise en plomb, des losanges, diverses combinaisons géométriques. Le XVIIIe siècle les abandonna et enchâssa les vitres carrées dans les bois des croisées de menuiserie.

Le secret de la peinture sur verre n'a jamais été complètement perdu ; le XIXe siècle s'est efforcé d'en reprendre la pratique. Certaines restaurations sont si parfaitement réussies que les hommes du métier se déclarent parfois incapables de reconnaître les parties neuves.

VOLÉE

Série de degrés qui, dans un escalier, va d'un palier à l'autre.

VOLET

Panneau battant de menuiserie qui ferme tout ou partie d'une fenêtre.

VOLIGE

Planche mince.

VOLIGEAGE

Ensemble de voliges.

VOLUTE

Ornement tourné en spirale, qui est placé notamment à l'angle supérieur de la corbeille dans certains chapiteaux, notamment ioniques.

VOMITOIRE

(ou **vomitorium**) Dans les théâtres et les amphithéâtres, porte des couloirs qui s'ouvrent sur la *cavea*.

Vomitoire

VOUSSOIR

Pierre d'appareil taillée en coin, qui entre dans la construction d'une voûte. Le voussoir est l'élément d'une voûte, comme le **claveau** (voir ce mot) est l'élément d'un arc.

VOUSSURE

Portion de voûte moindre que le demi-cercle, comme la courbe qui raccorde un plafond avec le mur. On donne également ce nom aux arcs concentriques d'une porte ou d'une fenêtre.

Voûte d'ogives

VOÛTE

Ouvrage de maçonnerie, cintré, reposant sur deux piliers ou deux colonnes.

Voûte en berceau : arc continu;

Voûte d'arêtes : deux berceaux se coupant à angle droit;

Voûte d'ogives : voûte d'arêtes, mais avec des arcs de soutien;

Voûte en plein cintre : arc formant demi-cercle;

Voûte rampante : reposant sur deux rangées de piliers (ou deux murs) de niveaux différents;

Voûte en cul de four : en quart de sphère, comme une niche.

VOÛTE D'ARÊTES

Voûte résultant de la rencontre de deux berceaux dont on conserve les parties qui sont en dehors des lignes de rencontre; l'*arc-de-cloître* conserve les parties qui sont en dedans de ces lignes. L'arc-de-cloître a des angles rentrants à l'**intrados**, saillants à l'**extrados** (voir ces mots); inversement, la *voûte d'arêtes* a des arcs saillants à l'intrados et rentrants à l'extrados.

Si deux voûtes ont une flèche égale et sont à un même niveau, de leur rencontre résulte la *voûte d'arêtes*, ainsi dénommée

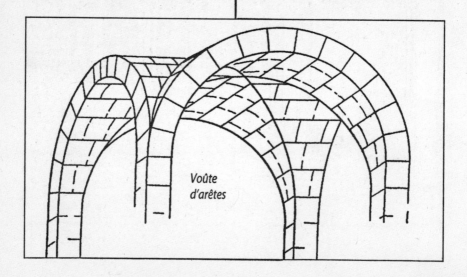

Voûte d'arêtes

parce qu'elle projette en dessous des arêtes saillantes. Dans la voûte d'arêtes en pierre de taille, les **voussoirs** (voir ce mot) qui sont sur l'arête sont d'une coupe très difficile. Par contre, la voûte d'arêtes à sur la **voûte en**

Voûtes avec arceaux croisés

berceau (voir ci-après) un grand avantage : la voûte en berceau développe sur toute sa longueur une poussée continue et il faut que les supports offrent une résistance également continue ; pour soutenir la voûte d'arêtes, au contraire, il suffit de quatre piliers élevés aux angles et entre lesquels on peut évider les maçonneries, en long aussi bien qu'en travers.

Certaines voûtes d'arêtes construites par les Romains sont fort belles : celle du palais de Julien, aujourd'hui englobée dans le musée de Cluny, est l'une des plus remarquables qui nous soient parvenues.

VOÛTE EN BERCEAU

La voûte la plus simple et la plus fréquente, le *berceau*, est un arc prolongé, un arc profond. Les pierres taillées dont il est formé s'appellent **voussoirs**.

Le cintrage d'un berceau est très coûteux, aussi les Romains avaient-ils imaginé divers procédés pour réduire ces frais.

Certaines voûtes de l'amphithéâtre de Nîmes, du pont du Gard, etc., sont construites par tranches indépendantes : sur un **cintre** (voir ce mot) on tournait une tranche, après quoi on déplaçait le cintre on tournait une seconde tranche juxtaposée à la première et ainsi de suite.

Voûte en berceau

Construction d'une voûte dont le berceau est composé d'anneaux indépendants.